"포스트-코로나를 대비하라"는 서론의 제목은 "포스트-교회를 대비하라"는 뜻으로 내게 들렸다. "공교회성과 공동체성 그리고 공공성을 회복하지 않으면 한국교회는 망한다"는 결론의 제목은 "한국교회는 망해도 좋으니 가난한 사람들은 무조건 살아야 한다"로 바꿨으면 더 좋았을 것 같다. 그리고 공공성보다는 가난한 사람들에 대한 우선적 선택이란 표현이 더 적절하지 않을까 하는 생각도 해본다. 교회는 장렬하게 망할 생각을 왜 못할까? 교회는 땅에 떨어져 죽기를 두려워하는 씨앗인가? 가난한 사람들은 교회가 망하는 데 아무 관심이 없다. 지금 이런 교회라면 어서 망하는 게 가난한 사람들과 백성에게 위로를 줄 것이다. 교회론에서 길을 잃고 헤매고 있는 한국 개신교 현실에서 이도영 목사의 책은 정말 반갑다. 코로나 사태가 아니었어도 진즉에 출간되었어야 할 책이다. 성찰하는 마음으로 함께 읽자고 기쁘게 말씀드린다.

김근수 | 해방신학연구소 소장

"난세에 영웅이 등장한다." 시대가 암울하고 희망의 빛을 잃어갈수록 보석같이 반짝거리는 이들이 하나둘 등장하기 마련이다. 예언자적인 메시지를 선포하고 새로운 비전과 방향도 제시하며, 백성을 위로하고 그들의 상처를 보듬어 안는다. 이도영 목사가 그런 사람이다. 길을 내고 그 길을 먼저 걷는다. 『페어 처치』에서 이 시대에 가장 필요한 신앙적 가치로 "공정"(fair)을 꺼내 들었고, 『성자와 혁명가』에서는 "통전적 영성"(holistic spirituality)을 제안했다. 그는 자신의 신학적 노선에 함몰되지 않고 지속적인 연구와 목회 실천을 통해 얻은 결과물을 멋진 책으로 나누었다. 본서도 마찬가지다. 저자는 혼돈의 상황에서 한 걸음 앞서 고민하고 신앙의 "참과 거짓"을 구분하며 시대를 진단하는 수고를 담당했다. 팬데믹 상황에서 거짓된 예언자는 자신의 양들을 공포와 두려움으로 몰아가겠지만 참된 예언자는 "사망의 음침한 골짜기"에서도 안전하게 이끌어갈 것이다. 그의 독서량에 놀랐고, 자신의 언어로 정리하는 설득력에 다시 한번 놀랐다. 이 책을 꺼내 들었다면 당신은 이미 수십 권의 책을 동시에 비교하며 읽을 준비가 된 것이다. 코로나 시대를 살아가는 참된 목회자의 표본을 보게 될 것이다.

김승환 | 장신대 기독교와문화 Ph.D., 인문학&신학 에라스무스 연구원

저자는 교회와 지역 사회라는 현장 속에서 체화하고 실천한 것들을 자신의 폭넓은 인문학 지식과 성경 말씀에 기초하여 포스트-코로나 시대를 준비할 것을 촉구하며 교회가 그 비전을 제시할 수 있어야 한다고 역설한다. 그는 동일한 문제를 다양한 관점에서 바라보며 재구성하는 능력이 탁월하다. 학문 간의 경계를 넘나들고, 문제를 다중적인 관점에서 바라보고 접근하며, 각각의 관점들을 독립적으로 다루면서 동시에 그것들을 통합시킨다. 코로나19 재난을 통해 드러난 기존의 재난들을 공동체성, 강제 멈춤, 성자적 영성과 혁명가적 영성, 리오리엔트의 도래, 진정한 보수의 의미 그리고 부활신앙이 필요하다는 다양한 관점으로 한국교회가 나아가야 할 길을 제시하고 있다. 어떤 독자들에게는 "삼키기 어려운 약"일 수 있겠지만 그의 처방은 균형감 있고 통합적이며 건강하다. 저자는 한국교회가 공교회성과 공동체성 그리고 공공성을 회복하지 못하면 무너져 내리고 말 것을 예언자적으로 선포하며, 궁극적인 답을 복음의 핵심인 십자가와 부활의 능력에서 찾는다. 저자는 분열이 아닌 아우름과 품음의 해결책을 제시하고 자신이 섬기는 교

회를 통해 본인이 사랑하는 한국교회가 어떻게 성경이 말하는 교회가 될지를 소망하고 도움을 주고자 이 책을 저술했다. 중요하면서도 시의적절한 이 책을 기쁨과 감사함으로 강력히 추천하고, 이 책을 통해 더 많은 위험을 무릅쓰는 자들인 파라볼라노이가 나와 한국교회와 이 세상을 변화시키고 회복시키는 데 쓰임 받길 기대한다.

박성창 | 캔자스 센트럴 침례신학대학원 목회학 박사원 원장,

회중건강 & 리더십 교수

한국교회는 초유의 코로나 바이러스 사태를 맞아 허둥댔다. 코로나19 바이러스를 하나님의 심판이라고 주장했고 대면 예배의 중단 요청을 종교 탄압이라며 분개했다. 이런 모습의 뿌리에는 위기의 시대에 먼저 하나님의 사랑과 공의를 드러내려 하기보다는 눈에 보이는 교회가 무너질까 두려워하는 마음이 앞서 있었을 것이다. 한국교회는 지난 성장의 과정 동안 달을 보는 대신 점차 달을 가리키는 손가락에 눈길을 집중했다. 시간이 흐를수록 달의 모습은 흐려졌고 대신 손가락의 모습은 부풀어 올랐다. 그러나 이제는 눈을 들어 다시 하늘을 보고 달을 찾아야 한다고 저자는 강조한다. 포스트 코로나 시대를 대비하는 것도 그동안 비틀어지고 삐뚤어진 것을 다시 곧게 펴는 일이라는 것이다. 저자는 이를 "한국교회의 공교회성과 공동체성 그리고 공공성의 회복"으로 요약했다. 그리고 이의 구체적 실천 방안으로 기본소득제와 함께 기본 자산, 최고 임금제의 실시를 주장하고 기후 위기의 극복 방안으로 동물권의 회복과 그린 뉴딜 정책 등을 시의적절하게 예시했다. 저자는 이 책에서 수많은 학자와 전문가들의 주장과 의견을 풍부하게 인용하지만,

결코 책상물림의 학자처럼 활용하지는 않는다. 그는 현장의 목회자이기 때문이다. 저자는 현재 화성 봉담에서 아내인 임영신 선생과 함께 더불어숲동산교회를 섬기는데 그의 사역에 대한 구체적인 생각과 내용을 알려면 이전의 저서 『페어 처치』를 보면 될 것이다. 이 두 책은 잘 어울리는 짝이다.

배재우 | CBS 피디, "CBS광장" 연출

신학교 시절에 몸담았던 개혁적인 서클이 있었는데 "신학의 현장화, 현장의 신학화"가 늘 화두였고, 주제였다. 신대원 시절에 몸담은 서클은 "하나님 앞에, 역사 앞에"라는 주제로 고민했다. 나는 그 서클에서 사회 변혁과 교회 개신을 꿈꾸며 열정적으로 활동했다. 신학을 졸업하고 목회 현장에 나와 보니 모든 것이 막막했다. 신학이 현장화로 이루어지지 않았다. 내가 목회하는 현장은 장애인과 더불어 교류하면서 이루어지는 곳인데 나는 장애인에 대한 인식과 복지 그리고 장애인에 대한 선교 지식이 전혀 없었다. 오히려 현장에서 장애인과 함께하는 목회를 하면서 신학화를 만들어야 했다. 신학의 현장화가 먼저 이루어지고 그 현장의 목회가 또다시 신학화로 이루어져야 하는 데 반대로 이루어졌다. 그러다 보니 신학화는 더디 이루어졌다. 목회 현장에서 27년이 흐른 지금은 장애인목회, 장애(인)신학, 장애인선교에 대한 학문적인 정립이 어느 정도 이루어졌다. 그래서 후배들이 목회하는 데 조금이나마 도움이 되고 있다. 코로나로 인해 한국교회는 새로운 국면에 직면하고 있다. 교회가 이러한 초유의 사태에도 바른 방향으로 나아가기 위해서는 반드시 정확한 현실 인식과 더불어 신학적 사고가 정립되어야 한다. 그런 면에서 이도영 목사의 『코로나19 이후 시대와 한국교회의 과제』는 한국교회의 나아갈 방향성을 바르게 제시하고 있다. 대한민국의 상황과 한국교회의 형편을 누구보다 잘 파악하고 있는 저자의 영적 통찰력으로 열매 맺은 이 책이 위기에 놓인 한국교회의 디딤돌이 되어 "신학의 현장화, 현장의 신학화"가 선순환되기를 기대한다.

신경희 | 대구 둥지교회 장애인지기(목사)

올해는 아무래도 "지구 안식년"으로 기억될 듯하다. 코로나19로 우리의 삶이 강제적으로 멈추어 자연이 회생했다. 그런데 사람들은 멈춘 자리에서 돌아갈 일만 생각하고 언제든 되돌아가면 욕심껏 먹고 입고 소비하던 일을 할 것만 같다. 그래도 멈춘 일상과 필요 이상 취해온 날들을 되돌아보며 코로나19 이후의 사회와 교회를 성찰하게 한 이가 있어 희망을 본다. 더불어숲동산교회 이도영 목사는 수십 권의 책들을 읽으며 성찰한 내용을 책으로 펴냈다. 제목은 『코로나19 이후 시대와 한국교회의 과제』다. 이 책은 우리가 서로 협력하며 공존할 것을 부르짖는다. 이 책은 신음하며 간절히 하나님의 자녀를 기다리는 피조물을 대변하듯 우리가 서 있는 자리를 보고 그들의 소리에 귀 기울이게 한다. 특히 내 눈을 끄는 건 성자적 영성과 혁명가적 영성으로 본 코로나19 이야기다. 기후 위기가 코로나19를 낳았고, 생물 종의 멸종에 이어 "인류 절멸"의 위기를 부추기고 있으니 생태 문명으로의 전환이 시급함을 전한다. 곧 다가올 "2050 거주불능 지구"다. 지속가능한 지구로의 회복을 위해 함께 공부하고 기도하며 행동하기에 안성맞춤의 책인 것 같다. 어쩔 수 없이 멈추어 있을 수밖에 없는 상황이니, 소그룹(때론 온라인도 좋다)으로 모여 이 책과 이 책에 나오는 책들을 읽고 "지구돌봄서클"로 모여 자기 생각과 감정을 솔직히 나누어보면 어떨까 싶다. 코로나19 이후 더 큰 재앙으로 다가올 기후 위기 앞에서 하나님과 이웃 앞에서 조금씩 당당하게 살아갈 수 있을 듯도 하다. 이 책을 통해 저마다 인간만이 아니라 동물까지, 아니 모든 만물까지 골고루 풍성히 누릴 하나님의 안식을 향한 걸음을 내딛게 되길 소망한다.

유미호 | 기독교환경교육센터 살림 센터장

인간의 눈에는 보이지도 않고, 잡히지도 않는 신종 코로나 바이러스는 가히 문명사적으로 지구의 역사를 새롭게 다시 쓰고 있는 것 같다. 그래서인지 저자는 교회가 진정으로 새 시대를 준비해야 한다는 뜻에서 서둘러 책을 준비했다고 한다. 이 책에서 무엇보다 저자의 독서량이 부러울 정도로 그는 문명사에 대한 깊은 통찰과 예리한 분석을 통해 코로나19 이후의 시대를 진단하고 있다. 세계의 정치경제의 흐름과 아울러 국내의 정치·경제·문화 일반까지 다양한 흐름의 맥을 잡아주고 있다. 이 점만 해도 이 책의 일독을 권하고 싶을 정도다. 그러나 그는 여기서 그치지 않고 현장 목회자답게 코로나 바이러스가 인간의 생명을 빼앗아가는 것과 놀랍게 세상에 휘몰아치는 이 폭풍 속에서도 한국교회의 공적 신학의 부재, 천박한 정치 이데올로기에 경도된 한국교회의 지도자들의 모습, 비대면의 뉴 노멀 시대에 두려워 떠는 한국교회를 향해 진정한 그리스도인이라면 "위험을 무릅쓰고" 부활의 증인으로서 공교회성과 공동체성 그리고 공공성을 회복해야 함을 강조하고 있다. 그의 대안에는 내적으로 건강한 교회를 세우면서도 지역과 소통하고 지역을 섬기는, 특히 약자와 소수자를 섬기는 공적 사역들을 통해 공적 신뢰도를 회복하려는 몸부림이 잘 나타나 있다. 몰트만이 사회의 공공복리에 참여하는 교회로서 "공적인 관계성"을 말하듯이, 저자는 자선적 도움을 넘어 지속가능한 사회적 경제 담론을 자신의 교회에서 경험해본 사회적 기업, 사회적 협동조합, 사회적 경제로 풀어낸다. 교회가 지역에서 "공적인 관계성"을 회복하는 대안으로 또 하나의 길을 제시한다. 코로나19 이후를 잘 대비하기 위해 일독을 권한다.

이준모 | 인천 내일을여는집 대표(목사)

야전 병원. 책 속에 가득 찬 글자 속으로 들어갔다. 책을 읽다 보니 마치 포연이 자욱한 전쟁터에 임시로 설치된 야전 병원으로 들어서는 느낌이었다. 생사가 공존하는 공간, 살리려는 의사의 처절한 사투와 울부짖는 상처 입은 이들의 외침. 저자는 이 상처투성이의 자리에서 절대 물러서지 않는다. 그는 그 모든 아픔을 온몸으로 받아내며 살려내려고 최선을 다한다. 이 책은 당신을 야전 병원 응급실로 데려갈 것이다. 그리고 우리에게 고통스러운 질문을 던질 것이다. 살리는 일에 동참할 것인가? 관망자로 남을 것인가?

정연수 | 기독교대한감리회 효성중앙교회 담임목사

코로나19 이후 시대와 한국교회의 과제

Post-Covid 19

코로나19 이후 시대와

한국교회, 공교회성과 공동체성 그리고
공공성을 회복하지 않으면 망한다

한국교회의 과 제

이도영 지음

새물결플러스

목차

서론   **포스트-코로나를 대비하라**   **15**

1장   **코로나19 팬데믹을 어떻게 받아들여야 하는가?**   **39**
공동체-재난 유토피아를 보여주는 공동체

2장   **코로나19 사태가 주는 도전은 무엇인가?**   **71**
빨강, 정의-공생하는 사회

3장   **성자적 영성과 혁명가적 영성으로 보는 코로나19**   **99**
초록, 생태-생태 친화적인 문명

POST

4장   **리오리엔트, 포스트–코로나의 핵심 징후**   139
      파랑, 평화–리오리엔트

5장   **코로나19는 사회의 기준 축을 좌측으로 이동시켰다**   173
      이데올로기로부터의 자유

6장   **파라볼라노이, 그리스도인의 정체성**   205
      위험을 무릅쓰는 자로 살아가기

결론   **공교회성과 공동체성 그리고 공공성을
      회복하지 않으면 한국교회는 망한다**   231

서론

포스트-코로나를 대비하라

2020년 3월 11일 세계보건기구(World Health Organization, WHO)가 신종코로나바이러스감염증-19(이하 코로나19)에 대해 사상 세 번째로 팬데믹을 선언했다. 팬데믹은 세계보건기구가 선포하는 감염병 경보 등급 중 최고 수준을 말한다. 세계보건기구는 감염병의 위험도에 따라 경보 단계를 1-6단계로 나누는데 팬데믹은 최고 경고 등급인 6단계를 의미한다. 세계보건기구의 첫 번째 팬데믹 선언은 1968년 홍콩 독감 때이고 이어 두 번째 팬데믹은 2009년 세계적으로 유행한 신종인플루엔자 때 선언되었다. 코로나19 팬데믹은 이전 팬데믹과 달리 그 파급력이 상상을 초월한다. 코로나19가 전 세계를 멈추게 만들었다고 해도 과언이 아니다. 대부분의 학자들은 1929년 대공황에 버금가는 상태에 이를 것으로 본다. 과거 역사의 흐름을 바꾸었던 강력한 전염병과 동일한 현상이 나타날 것이라고 말한다. 코로나19는 이전처럼 역사를 바꿀 것이다.

전염병이 바꿔놓은 역사

전염병은 인류의 역사를 바꿔놓기도 한다. 『세상을 바꾼 전염병』(다른, 2015)에 의하면 로마 제국을 멸망시킨 것도 전염병이다. 165년 시리아에 원정 중이던 로마군에 천연두라고도 불리는 두창이 발생한다. 169년에 로마 황제 루키우스 베루스(Lucius Verus)가 세상을 떠나고 180년에는 마르쿠스 아우렐리우스(Marcus Aurelius)가 그리고 그의 뒤를 이은 황제 코모두스(Commodus)도 두창에 의해 사망한다. 두창보다 무서운 것은 말라리아다. 말라리아(Malaria)는 라틴어로 말(mal)-나쁜, 아리아(aria)-공기, 즉 나쁜 공기를 의미한다. 늪지대의 나쁜 공기에 의해 전파된다고 생각해서 그런 이름이 붙여졌다. 하지만 말라리아는 모기에 의해 전파된다. 로마가 국토를 넓혀가면서 점령국에서 노예들을 들여오기 시작하는데 그 노예와 함께 말라리아도 유입되었다. 특히 농촌 지역에 말라리아가 더 유행하면서 많은 농촌 인구가 도시로 이주했다. 따라서 농업 생산성이 떨어졌으며, 준비가 덜 된 상태에서 발생한 도시화도 국력을 떨어뜨렸다. 이때 게르만족의 대이동이 일어났으며 기독교 국가였던 서로마 제국은 476년 게르만족의 침입으로 멸망한다.

중세가 몰락한 것도 전염병 때문이다. 중세를 끝장낸 것은 1347년에 발생한 페스트다. 페스트의 대유행으로 유럽 전 인구의 1/3인 약 2,500-3,500만 명이 희생되었다. 보카치오의 『데카메론』을 보면 남자와 여자가 서로를 버리고 집도 재산도 버리고 다른 안전한 장소를 찾아 떠나는 모습이 잘 그려져 있다. 이때 처음으로 검역법(quarantine law)이 시행된다. 프랑스어로 40을 의미하는 단어(quarante)에서 유래한 "검역"이라는 용어는 사순절에서 유래했다고 볼 수 있다. 항구에 들어온 배는 40일간 기다렸다가 페스트가 발생하지 않아야 승객과 화물을 내릴 수 있었다. 페스트로 인한 인구 감소만이 아니라 누리던 약간의 자유마저 억압받게 된 하층민들의 불만으로 말미암아 갈등이 깊어지고, 농촌을 버리고 떠나는 인구가 늘어나면서 기근이 발생해 봉건 제도가 붕괴되기 시작한 것이다.

그 외에 많은 예를 들 수 있지만 위의 예만으로도 세상을 바꾸는 전염병의 힘을 실감할 수 있을 것이다. 이런 역사적 선례가 지금 우리 시대에 반복되고 있는 셈이다. 스페인 독감으로 적게는 2,000만 명에서 많게는 5,000만 명까지 사망했다고 알려졌는데 혹 코로나가 그렇게 되지 않을까 염려하는 상황이다. 코로나19의 특징은 치사율이 낮다는 점이다. 하지만 치사율이 낮다고 안심할 것이 아니다. 치사율이 낮은 반면 전파력이 어마어마하기 때문이다. 참고로 치사율이 높으면 전염성이 약하다. 2014년 서아프리카 에볼라강 인근에서 발병한 에볼라 출혈열(Ebola haemorrhagic fever)은 당시 감염자의 90%를 사망에 이르게 할 정도로 높은 치사율을 지니고 있었지만 전염성이 낮아 금방 사라졌다. 반면 치사율이 낮으면 전염성이 높다. 놀라운 것은 일부 국가, 특히 이탈리아나 스페인에서 코로나19의 치사율이 10% 안팎이라는 사실이다. 스페인 독감의 치사율(치명률)이 2.5%였다고 한다. 그런데도 2,000만 명에서 5,000만 명까지 사망한 것으로 알려졌다. 그렇다면 코로나19는 어느 정도일까? 상상이 되지 않는다. 이러니 코로나19가 역사의 흐름을 바꿔놓은 전염병으로 이름을 올릴 것이라고 예상할 수밖에 없다. 그렇다면 코로나19 이후에는 엄청난 세계사적 변화가 일어날 것이다.

코로나19 이후의 세계

「조선일보」 4월 21일 기사에는 "코로나19 이후의 세계"에 대해 글로벌 전문가 24인과 인터뷰한 내용이 실렸다. 이를 코로나 이후 달라질 10가지 현상으로 정리했다. 제목만 옮겨본다. 1. 탈세계화: "사람·자본 더 이상 국경 넘지 않아…각자도생의 시대 열린다." 2. 거대 정부: "전시 수준으로 코로나 통제…헌법 권한 넘어서는 정부 나올 것." 3. 세계의 일본화: "미국·유럽, 경제 잠재력과 물가 동시 하락…일본식 장기 불황 닥친다." 4. 유로존 위기: "남유럽 큰 타격 받으면서 불안 확산…유로존에 다시 결별 공포." 5. 중국의 위상: "미국에 정치적으로도 우위 점할 것"vs "세계적 불신 더 커질 것." 6. 포퓰리즘: "기본소득은 시작…더 센 포퓰리즘으로 경제 약자 유혹할 것." 7. 탈오피스: "의도치 않은 재택근무 실험…여성들 경제 활동 기회 늘어날 것." 8. 악수의 종말: "사회적 표준 된 거리두기, 인류의 '대면 관행' 뒤바꿀 가능성." 9. 코로나 세대: "금융 위기 때 밀레니얼 세대처럼…지금 20대 장기 실업난 우려." 10. 환경 존중: "항공편 멈추자 온실 가스 배출량 급감…온난화 논쟁 새 국면." 그냥 제목만 읽어도 실로 어마어마한 변화가 일어날 것을 예감할 수 있다.

　　로이터, 다우존스와 함께 3대 경제 뉴스 서비스 업체로 꼽히는 블룸버그가 선정한 세계 1위 미래학자가 제이슨 솅커(Jason Schenker)다. 제이슨은 『코로나 이후의 세계』(미디어숲, 2020)에서 2001년 찾아온 경기 불황이 지난 20년 동안 자신의 인생에 그림자를 드리웠다고 말하면서 코로나19로 인해 발생한 경기 불황을 보며 또 한 번 향후 20년간 드리울 그림자를 생각해보게 된다고 말한다. 물론 그는 미래학자답게 코로나19가 가져올 긍정적인 측면도 있을 것이라고 말한다. 긍정적인 측면은 크게 네 가지인데 그는 재택 근무의 증가, 온라인 교육의 확대, 의료 분야 쏠림 현상 그리고 에너지 소비 및 탄소 배출 절감 현상이 나타날 것이라고 전망한다. 하지만 그는 이 책에서 일자리, 교육, 에너지, 재정, 부동산, 공급망, 미디어, 여행, 정치를 비롯해 19개 분야에 걸쳐 결코 밝지만은 않은 미래 전망들을 제시한다. 그중 두 가지만 소개하자면, 그는 코로나19 팬데믹이 국가 안보의 프레임을 바꿔놓을 것이라고 말한다. 평온한 일상에 코로나19가 소음(noise)과도 같은 존재가 되었다는 점에 착안해서 "NOISE 프레임워크"라고 이름 붙였다. Necessities(필수품)-식량, 물, 에너지, 주거지, 안전, Occupation(직업)-일자리, 소명, 취미, Information(정보)-정확하고 완전한 정보를 습득할 수 있는 것, System(시스템)-금융, 보건, 대중교통, 교육, External(외부 요인)-국제관계, 군사, 공급망, 무역. "NOISE 프레임워크"가 신안보 프레임이 된다는 것은 코로나19가 이

5가지 영역에서 국가 안보를 위협할 정도의 문제를 발생시키고 있다는 것을 의미한다. 다른 하나는 통화 정책의 미래다. 그동안 문제가 터질 때마다 미국의 연방준비제도이사회가 금리를 0% 수준으로 낮추는 것과 국채나 주택저당증권(MBS, Mortgage Backed Securities)을 매입하는 것으로 문제를 해결해왔다. 소위 양적 완화라고 하는 방식인데 이번 코로나19 팬데믹 사태도 이 방식으로 문제를 풀고 있다. 제이슨은 이런 방식이 최악의 시나리오도 가능하게 만든다고 말한다. 중앙은행이 수십 년에 걸친 경기 순환 주기를 지나면서 경제의 거의 모든 것을 소유하게 되는 것이다. 중앙은행은 부채, 주택저당권, 국채, 주식, 심지어 실물 자산까지 손을 댈 것인데 매입에 들어가는 돈은 전부 찍어서 만들어낸 돈이다. 애초에 존재하지 않던 돈 말이다. 이 시나리오에 따르면 미국 경제는 일종의 "양자 상태"가 된다. 중앙은행이 모든 것을 가지고 있지만 동시에 아무것도 없는 양자 상태 말이다. 섬뜩한 시나리오다.

국제 경제, 국내 경제, 부동산, 사회, 의료, 정치, 교육 등 7분야의 현장 전문가들이 쓴 『포스트 코로나』(한빛비즈, 2020)도 참고할 만하다. 부제가 "한국형 2020 팬데믹 솔루션"이다. 이 책은 한국 상황에서 각 분야의 한국인 전문가들이 코로나19 이후를 예측하며 문제 해결책을 제시한 것이기에 제이슨 솅커의 책보다 좀 더 현실감이 있을 것이다. 내용을 다 소개할 수 없지만 유익할 것 같아 부동산 분야의 글을 쓴 양석재 UAMCO(연합자산관리) 이사가 부동산 변화 양상을 분석하며 사용한 분석틀을 소개한다. 그는 기본적으로 온라인 거래와 재택근무가 활성화될 것이기 때문에 상업용 부동산이 심각한 침체를 맞게 될 것이라고 본다. 반면 주택용 부동산은 그것보다는 덜 요동칠 것이나 경기 침체와 실업 때문에 이자를 갚지 못해 수많은 매물이 경매로 나올 것이고 어떤 사태에도 요동함이 없는 서울 중심을 제외한 서울 주변부와 지방은 주택용 부동산마저도 심각한 침체를 맞게 될 것으로 예상한다. 그가 사용한 분석틀은 WHO가 팬데믹 선언 전에 코로나19와 관련해서 예상한 기간에 따른 4가지 분석 시나리오다. 이 시나리오는 글로벌 리스크 분석 업체인 영국 컨트롤리스크사가 만든 자료다. 첫 번째 시나리오는 Quick recovery(빠른 복구)다. 단기간에 잘 마무리 되는 시나리오다. 4월에 바이러스 확산이 어느 정도 통제가 되고 5월에는 중국의 생산 시설 대부분이 복구됨을 전제로 하고 있다. 주요 경제 지표가 2분기 말에 정상으로 돌아서는 것으로 되어 있다. 곡선으로 보자면 "V"자가 된다. 이미 이건 언급할 필요조차 없게 되었다.

　두 번째 시나리오는 Seasonal epidemic이다. 문자 그대로 번역하자면 "계절 전염병"이다. 5월까지 확진세가 유지되다가 북반구의 여름이 시작됨을 기점으로 확산 속도가 감소하는 시나리오다. 확산 감소가 시작되는 2분기 말에서 3분기 사이에 복구가 시작되며 2020년 4분기에 비로소 회복이 되는 시나리오다. 따라서 2020년 4분기까지 전반적으로 전 세계의 공급망과 수요는 타격을 받는 상황이다. 공급망과 수요의 감소치를 10-15% 정도로 보고 있고 글로벌 성장세의 감소치를 3% 정도로 보고 있다. -3% 성장률이라니 정말 심각하다.

곡선으로 보자면 "U-커브"가 될 듯하다. 실제 회복 시점은 2020년 4분기경이 될 것이다. 이 글을 쓰고 있는 시점까지는 이 시나리오가 가장 유력하며 사람들이 가장 기대하고 있는 바다. 두 번째 시나리오를 넘어서면 상황은 정말 심각해진다.

세 번째 시나리오는 Uneven Outbreak다. 문자 그대로 해석하면 "불균등한 발병"이다. 쉽게 설명하면 주요 선진국에서는 효과적으로 대응을 하나 공중보건 및 행정 인프라가 열악한 저개발 국가에서는 대규모의 위기가 발생한다는 의미다. 중요한 건 확진세 감소 시점이다. 운송 및 공급망 붕괴가 2021년까지 이어지며 중요한 확진세의 감소는 2021년 1분기에서야 비로소 나타난다. 그에 따른 경기 회복이 2021년 중반이 되어야 나타날 것이라는 시나리오다. 본격적으로 세계경제의 "불황"을 이야기하는 시나리오다. 이 시나리오의 통과 기간 동안 대대적인 금융 대책과 재정 부양책을 필요로 하며, 이러한 위기 대처 정책이 시행되더라도 산업 전반에 걸친 피해는 불가피할 것으로 보인다. 이제부터는 "L"자 곡선에 해당된다. 문제는 사람들이 두 번째 시나리오 정도를 기대하고 있지만 세 번째 시나리오까지 예측하는 사람들이 점점 많아지고 있다는 데 있다. 세 번째 시나리오가 임박하고 있는 셈이다.

마지막 시나리오는 Global pandemic(세계적 전염병)이다. 코로나19 사태로 인한 불황의 장기화다. 이 시나리오는 코로나19가 선진국과 개발 도상국 모두에 널리 퍼져 있고, 2021년 2분기 이후에 백신이 보급될 것으로 예상한다. 확진세의 감소는 그 시점으로부터 예상

된다. 이 단계에서는 본격적으로 정치적인 위기와 사회 혼란, 안전 불안까지도 언급하고 있으며, 세계 각국은 필연적으로 보호주의가 강화되어 무역 시스템 자체가 붕괴될 가능성이 높다. 2020년 4분기까지 전 세계 공급망의 60%가 재구성되어야 한다. 곡선으로 보자면 "I"자 곡선이 될 듯하다. 사람들이 "포스트-코로나"라고 말하는 상황은 바로 이 네 번째 시나리오다. 우리는 "대공황"과 맞먹는 파국이 올지도 모르는 상황에 처해 있다. 실제로 케임브리지 대학교 경제학과 교수인 장하준 교수는 경제의 한 부분에서 발생한 이전 위기와 달리 수요, 공급, 소비가 한꺼번에 붕괴되고 있는 지금의 상황은 대공황보다 더 심각한 위기를 발생시킬 수 있다고 예측한다.

　사람들이 코로나19 이후의 세계를 예측하며 가장 염려하는 것은 역시 경제적인 상황이다. 코로나19가 발생하자 세계 주요 국가에서 증시 대폭락으로 일주일 만에 수천조 원이 날아간 데 이어서 미국을 중심으로 주가 폭락이 이어졌다. 2008년 금융 위기의 경우 막대한 공적 자금을 푸는 양적 완화와 구제 금융 그리고 긴축 정책들로 겨우 모면했었다. 그 결과로 모든 국가가 당장의 위기는 모면했지만 엄청난 부채 상태에 처했다. 2008년 금융 위기 때보다 전 세계 부채 규모가 지금은 1.5배에 달한다. 이런 상황에서 코로나19는 "세계의 공장"인 중국에서부터 시작된 휴업과 생산 중단을 통해 국제적 생산망 사슬에 타격을 가하고 있다. 현대 자본주의는 모든 개인과 기관 및 기업이 상호 연결되어 있기 때문에 어느 고리 하나가 부서지면 다른 연결 고리도 연쇄적으로 파괴되는 결과를 발생시킨다. 이로 인한 공급 충격은 상상을 초월할 것이다. 2008년 금융 위기 때 1929년 대공황 이후 인류가 경험한 최대 낙폭의 세계 교역량 하락이 있었지만 그래도 그때는 주로 "수요 충격"으로 인한 교역 붕괴였다. 그런데 코로나19가 무서운 것은 강력한 "공급 충격"을 동반한다는 점이다. 그뿐만 아니라 G7 국가들은 전 세계 수요 공급(GDP)의 60%, 전 세계 제조업의 65%, 전 세계 제조품 수출의 41%를 차지하는데 이들 국가들이 코로나19로 인해 가장 심각한 타격을 입고 있다. 또한 공급 충격만이 아니라 소비 충격도 동시에 발생하고 있다. "사회적 거리두기"로 소비가 위축되는 것은 당연하다. 2008년 금융 위기가 정점에 달했을 때 미국에서 한 달에 80만 명이 일자리를 잃었어도 그때 미국 실업률의 최고점이 겨우 10%였다. 하지만 몇몇 전문가들은 50% 이상의 사람들이 코로나19로 인해 일을 하지 못하는 상황에 이를 것이라고 예측하고 있다. 당연히 소비가 위축될 수밖에 없다.

지금 우리가 겪고 있는 것은 단지 금융 위기가 아니라 경제 위기다. 전문가들은 주요 타격이 실물 경제에서 비롯되기 때문에 재정 정책이 최우선되어야 한다고 말한다. 그 규모는 상상을 초월할 것이다. 사태가 얼마나 심각한지 『세계 석학들이 내다본 코로나 경제 전쟁』(매일경제신문사, 2020)이라는 책을 보면 세계적인 경제 전문가들이 수단과 방법을 가리지 않는 적극적 조치가 필요하다고 이구동성으로 입을 모으고 있다. 오바마 행정부의 경제자문위원장이었고 현재 하버드 대학교 케네디스 스쿨의 교수인 제이슨 퍼먼(Jason Furman)은 『코로나 경제 전쟁』을 구성하는 "사람이 먼저, 경제는 그다음"이라는 글에서 지금은 도덕적 해이에 대해 걱정할 때가 아니라고 말한다. 그는 수단과 방법을 가리지 말고 6가지 원칙에 따라 정책을 제정해야 한다고 말한다. 6가지 원칙은 다음과 같다. 1. 지나치게 적은 조치보다는 과도한 조치가 낫다. 2. 가능한 기존의 메커니즘을 이용하라. 새로운 경로를 찾기보다는 기존 경로를 사용해 자금을 확대하라. 3. 필요하다면 새로운 프로그램을 발명하라. 평시에 조심스러워 주저하고 있던 정책을 과감하게 실행하라. 4. 대응 과정을 다각화하고 의도치 않은 중복 지원이나 부작용을 감수하라. 5. 민간 부문의 협조를 가능한 한 많이 끌어내라. 6. 활발하고 지속적인 대응이 이루어지도록 하라. 경제 전문가들이 이 정도로 상황을 심각하게 받아들이고 있다.

코로나19 팬데믹 상황 속의 교회

그렇다면 종교는 어떨까? 종교의 본질은 모이는 데 있다. 기본적으로 모이지 않으면 종교는 제 기능을 발휘할 수 없다. 그런데도 상황이 얼마나 위중한지 가톨릭은 전쟁 중에도 멈추지 않던 주일 미사를 중지한다고 발 빠르게 선포했다. 가톨릭은 "공교회성"이 살아 있기 때문에 가능했다. 발 빠르게 모임 중단을 선언한 것은 불교계도 마찬가지였다. 다만 기독교(개신교)만이 엇박자를 냈다. 예배당에서 모이는 주일 공예배를 온라인 예배로 전환하라는 권고를 "종교 탄압"이라고 반박했다. 헌법에서 보장한 종교의 자유를 지켜내야 한다며 정부를 비난했다. 정말 어처구니없는 상황 인식이다. 대부분의 대형 교회들이 처음에는 목숨 걸고 예배를 사수하겠다고 선포했다. 하지만 여론의 비판이 빗발치자 상당수 대형 교회들이 어쩔 수 없이 온라인 예배로 전환했고 소수의 대형 교회들은 예배당에서 모이는 주일 공예배를 사수했다. 그러다가 이에 동조하여 주일 공예배를 강행한 몇몇 교회에서 코로나19 전염이 발생해 사회의 지탄의 대상이 되기도 했다. 이런 상황을 지켜보면서 정말 안타까웠다. 왜 한국교회는 세상과는 다른 차원 높은 수준의 모습을 보여주지 못할까? 왜 한국교회는 이토록 비상식적일까? 왜 이렇게 공공성에 대한 인식이 부족할까? 왜 아직도 크리스텐덤(기독교세계) 사고방식에 사로잡혀 있을까? 한국교회에서 공교회성을 기대하는 것은 불가능할까? 이런 질문들이 자연스럽게 나왔다.

온라인과 오프라인 양쪽에서 첨예한 논쟁이 오갔다. 특히 온라인 예배가 옳은지, 온라인 예배 혹은 가정 예배를 주일성수라고 할 수 있는지, 온라인 성찬을 할 수 있는지 등의 논쟁이 이슈가 되었다. 논쟁의 찬반이나 결론을 떠나 이런 논쟁을 지켜보면서 한국교회가 현 상황을 너무 안이하게 받아들이고 있는 건 아닌가 하는 생각이 들었다. 거대한 변화를 목전에 두고 너무 교회 내적인 문제에 골몰하고 있는 것은 아닌가 하는 생각에 안타까웠다. 겉으로 보기에는 가장 중요한 문제로 논쟁하는 것처럼 보이지만 어쩌면 실상은 비본질적인 고민들을 하고 있는 것은 아닌가 하는 의구심이 일어났다. 어차피 대형 교회에서는 그동안 거대한 스크린을 통해 담임 목사를 바라보며 비인격적인 예배를 드려오지 않았는가? 여러 장소에 나뉘어 멀티사이트(Multi-Site) 예배를 드리지 않았는가? 온라인 예배나 대형 교회 예배나 양자 모두 익명성을 보장하는 측면은 엇비슷하지 않은가? 그렇기에 예배에 대한 고민이 경건한 고민처럼 보이지만 실상은 코로나19 사태가 잠잠해져 모두가 일상으로 복귀하고 주일 공예배가 회복될 때도 교인 출석수가 줄어들 것에 대해 고민하는 것처럼 보였다. 어차피 한국교회는 그동안 교회의 본질인 공동체성을 추구해오지도 않았고, 더군다나 상식적이지 않고 공공성이 전혀 보이지 않아 사회적 신뢰도가 땅에 떨어지고 있는데 엉뚱한 걱정만 하는 것처럼 보였다. 이스라엘이 위기에 빠졌을 때 하나님이 예언자들을 보내 예식을 회복하라고 한 적이 거의 없다는 것을 모르고 있는 것 같았다. 아무리 제사를 드려도 공평과 정의를 회복하지 않으면 우상숭배와 다를 바가 없다는 예언자들의 목소리를 외면하고 있는 것처럼 보였다. 하나님이 예배를 기뻐하시는 것이 아니라 오직 공의를 행하고 인자를 사랑하며 겸손히 하나님과 함께 행하는 것을 기뻐하신다는 명백한 말씀을 외면하는 것처럼 여겨졌다. 무엇보다 코로나19 이후까지 내다보는 예언자적 상상력의 부재를 목도하는 것 같았다. 본질을 회복함 없이 단지 주일 공예배를 회복한다고 해서 코로나19 이후 시대의 교회가 그 이전과 뭐가 달라질까?

어차피 한국교회는 이전처럼 변화된 문화적인 상황에 발 빠르게 적응할 것이다. 언택트(un+contact) 문화에 적응하는 다양한 모델들이 나타날 것이다. 코로나19 이후 시대는 「문화일보」 2020년 5월 4일

"포스트 코로나19 시대의 19가지 뉴 트렌드"라는 기사가 지적하는 것처럼 언택트 문화가 일상화될 것이다. 집에서 안전하게 놀고 즐기는 "홈 루덴스"(Home Ludens)의 등장, 온·오프라인 교육이 혼합된 "블렌디드 러닝"(blended learning)이나 온라인 선행 학습 이후 오프라인에서 토론을 벌이는 "플립 러닝"(flipped learning) 등 원격 교육의 활성화, "5G 네트워크"에 기반한 4차 산업 혁명이 가속화되어 비대면 산업의 급격한 성장, 재택근무 등 기업 문화 혁신(스마트 오피스)의 급물살, "콘서트 앳 홈"처럼 "랜선" 공연 관람이 늘어나는 신문화 소비 방식 등이 등장할 것이다. 그동안 어떤 문화에도 뛰어난 문화적 적응력을 보여 왔던 한국교회는 이와 같은 언택트 문화의 일상화에 적응할 것이다. 언택트 문화에 적응하는 다양한 모델이 나타날 것이다. 예배를 비롯해 모든 모임에 유연성과 창의성이 적용될 것이다. 교회 내 다양한 모임은 화상 채팅 앱을 사용해서 이루어지는 풍경이 연출될 것이다. 온라인 예배가 대세이지만 코로나19에 대한 반작용으로 도리어 주일 공예배를 강조하고 온라인으로 대체 불가능한 보다 더 전통적인 예전 등이 강화될 것이다. 기본적으로 주일 공예배와 온라인 예배를 병행하는 형태가 될 것이다. 전통적인 심방이 아닌 보다 더 취약하고 소외된 성도들에 대한 디테일한 접근과 상담 및 섬김이 필요해질 것이다. 가정 단위로 온라인 예배를 드렸기 때문에 가족의 소중함과 가정 예배의 필요성이 더 많이 대두될 것이다. 모이는 것 자체가 어려워졌기 때문에 홈스쿨링이나 대안 학교 형태의 새로운 교육 프로그램이 등장할 것이다. 교회 생활보다는 삶의 예배를 어떻게 드릴 것인지에 대한 교육이 강화될 것이다. 개 교회에서 발생한 일이 전체 교회에 영향을 끼치기 때문에 상식과 원칙에 보다 예민한 문화가 만들어질 것이다. 무엇보다 "온라인 교회"도 나타날 것이다.

　김승환 에라스무스 연구원의 페이스북 글에 의하면, 헬랜드(Helland)가 교회 온라인(Church Online)과 온라인 교회(Online Church)를 구분했다고 한다. 전자는 교회가 온라인을 통해 예배 영상과 신앙적인 정보를 일방향으로 전달하는 형식이고, 후자는 신앙생활을 위해 성도들(영상 소비자)이 온라인으로 예배에 참여하고 대화를 나누며 기도를 부탁하는 일반적인 신앙생활을 상호적으로 진행하는 형식을 의미한다. 한국에서도 교회 온라인(Church Online)만이 아니라 온라인 교회(Online Church)가 등장할 것이다. 이미 미국에는 많은 온라인 교회가 있다. 가장 최근에 성장한 교회는 라이프닷처치(Life.Church)다. 미국 내 최대 온라인 교회 중 하나로 1996년 차고에서 시작해 20여 년이 지난 지금은 매주 7만 명 정도의 성도가 온라인으로 예배에 참석한다고 한다. 10여 년 전부터 구역 또는 교구 모임에 해당하는 "인터넷 캠퍼스"를 열었다. 신자들은 가상 교회(virtual church)에 출석하고 성경 앱을 통해 주일학교를 포함한 신앙생활을 영위하며 채팅으로 신앙 상담을 하거나 함께 기도도 한다고 한다. 미국 교회를 성실하게 따라왔던 한국교회에도 코로나19를 계기로 해서 본격적으로 온라인 교회가 나타날 것이다. 김승환 연구원에 의하면, 온라인 교회의 등장으로 신앙의 유형과 참여 방식에 분명한 변화가 일어날 것인데 디지털 신앙(Digital Faith)의 탄생이 그것이다. 이것은 크게 두 가지 특징을 지니는데, 거룩한 경험을 온라인을 통해서 제공받기에 온라인은 그들에게 성지(shrine) 또는 거룩한 장소(sacred place)가 된다. 신앙의 핵심에 거룩함이 자리한다면 그것은 온라인에서도 작동할 것이다. 교회 홈페이지를 비롯해 신앙적 경험을 할 수 있는 영상과 글들은 온라인 성소로서의 역할을 할 것이다. 영적인 충전을 하기도 하고 삶의 각성과 변화를 위한 원동력을 제공받을 수 있기에 디지털 원주민들(10-20대)이 선호하는 공간일 수 있다. 둘째는 연결성이다. 공간적으로는 분리되어 있으나 온라인은 연결성이 핵심이다. "나는 연결되어 있다. 그러므로 나는 존재한다"(I link, therefore I exist)가 디지털 문화의 핵심을 잘 보여준다. 신앙은 하나님과 나, 나와 너의 연결을 토대로 형성된다. 영적인 차원과 관계적인 차원을 고려한 것이라면 디지털 환경에서도 신앙은 가능할 것이다. 누군가와 연결되어 있음은 자신의 존재를 확인하는 동시에 삶의 의미와 가치를 공유할 수 있는 주요한 자원을 지닌다는 것을 뜻한다. 중요한 지적인 것 같다. 디지털 신앙과 온라인 교회에 대한 한국적 적용에 대해 공공신학을 전공한 김승환 연구원이 새로운 비전을 제시할 것으로 기대한다.

하지만 짚고 넘어가야 할 것은 이런 신앙이 가능하다고 해서 또는 변화된 문화 속에서 적극적으로 활용해야 한다고 해서 그것 자체가 교회의 본질과 복음의 본질에 대한 고민을 해결해주는 것은 아니라는 점이다. 더 중요하고 본질적인 고민과 함께해야 한다. 문화적 적용을 넘어 코로나19가 만들 새로운 사회, 새로운 체제, 새로운 문명 속에서 어떻게 교회의 본질과 복음의 본질을 회복하고 실현할 것인지에 대해 고민해야 한다. 코로나19는 지금 교회와 복음에 대해 근본적인 문제 제기를 하고 있다. 세계가 코로나19 이전과 이후로 나누어지듯이 교회도 코로나19 이전과 이후로 나누어질 것을 예상하고 비전을 제시해야 한다. 무슨 특별한 프로그램을 준비하라는 것이 아니라 근본적인 패러다임의 전환을 가져야 한다는 말이다. "포스트-코로나"는 선교적 교회 패러다임을 요청한다. 요한계시록의 묵시적 환상이 제시하는 하나님의 계시를 품고 선교적 상황으로 보내진 초기 교회처럼 한국교회는 코로나19 팬데믹이 주는 거대한 도전 앞에 "포스트-코로나"라는 새로운 세상에 대한 예언자적 상상력을 가지고 응전해야 한다. 문화적 적응을 넘어 "공교회성"과 "공동체성"과 "공공성"을 실천하는 선교적 사명에 대해 고민해야 한다. "공교회성"과 "공동체성" 그리고 "공공성"이 무엇인지에 대해서는 『페어 처치』(새물결플러스, 2017)에서 자세히 설명했으므로 중복은 피한다. 코로나19 팬데믹 한가운데서도 이미 일하고 계신 하나님의 일하심에 어떻게 동참할 것인지 고민해야 한다. 이러한 고민을 할 때 "원리"와 "모델" 중 원리를 붙드는 것이 중요하다. 코로나19에 적절하게 반응한 어떤 모델을 치켜세울 것이 아니라 그 모델을 가능하게 만든 원리가 무엇인지 제대로 파악해야 한다. 그것은 "가치"와 "표현"의 구분으로 나타나기도 한다. 시대의 트렌드에 적응하면서 자신이 서 있는 자리에 맞는 다양하고 새로운 표현들이 나타나야 한다. 하지만 중요한 것은 핵심 가치다. 핵심 가치를 실현하는 과정에서 다양하고 새로운 표현들이 나타나는 법이다. 그러한 표현들을 가능하게 만든 핵심 가치가 더 중요하다. 나는 한국교회의 핵심 가치가 "공교회성"과 "공동체성" 그리고 "공공성"이 되어야 한다고 생각한다. 선교적 교회의 패러다임으로 원리와 핵심 가치를 붙드는 것이 중요하다. 나는 이러한 문제의식을 가지고 더불어숲동산교회 온라인 예배를 10주간 드린 동안 "코로나19 팬데믹 사태"와 "코로나19 이후의 시대"에 대해 설교했다. 이 책의 대부분의 내용은 10주간의 온라인 예배 때 설교한 것들이다.

포스트-코로나를 대비하라

온라인 예배가 끝나갈 때쯤 코로나19와 기독교를 연결 짓는 도서가 나왔다는 소식을 듣고 구입하게 되었다. 『전염병과 마주한 기독교』 (다함, 2020)라는 책이다. 코로나19 상황 중에 있었던 논쟁적인 주제들을 다루었다는 느낌이 들었다. 균형 잡힌 시각으로 다양한 주제를 다루고 있어서 코로나19 초창기에 나왔다면 불필요한 논쟁을 줄일 수 있었을 것 같다. 아쉬운 건 주로 복음주의 신학자들이 글을 썼기 때문인지 몰라도 전염병과 기독교의 관계에 대한 글이 대부분이었다는 점과, "코로나19 이후 시대"에 대한 기독교적 비전을 다양하게 제시하지 못했다는 점 그리고 코로나19가 드러낸 현실 기독교의 민낯 앞에서 교회가 어떤 정체성을 가져야 하며 어떤 혁명적인 실천을 해야 하는지에 대한 부분도 거의 다루고 있지 않다는 점이다. 이런 아쉬움 때문인지 10주 동안 설교했던 내용을 책으로 출간하는 건 어떨까 하는 생각이 들었다. 물론 페이스북에 공유한 코로나19 관련 글들에 지지를 보내주신 페친들의 격려가 동기가 되기도 했다.

책을 쓸 생각을 하니 코로나와 관련해서 기독교 도서가 어떤 것들이 나왔는지 궁금했다. 이 주제와 관련해서는 지금까지 세 권의 책이 출간된 것을 알 수 있었고, 그 세 권의 책을 주문했다. 세 권의 책을 읽고 무척 아쉬웠던 점은 코로나19에 대한 접근 방식이었다. 마치 "신정론 강박증"이라도 걸린 것처럼 모두 신정론의 입장에서 코로나19에 접근했다. 각각의 책은 거의 코로나19 사태가 정점이었던 시기인 2020년 3월 13일, 4월 21일, 4월 29일에 출간되었다. 그럼에도 그 책들에는 굳이 코로나19 팬데믹 상황이 아니어도 다룰 수 있는 내용만 담겨 있었다. 코로나19라는 고난 속에서 어떻게 신앙인은 하나님이 존재하시며 선하시다는 것을 믿을 수 있는가에 대한 내용이었다. 이렇게 기독교 개인의 실존적인 의문에 대한 대답을 정리하는 글을 가지고 과연 포스트-코로나 시대를 제대로 맞이할 수 있을까? 세상 사람들이 궁금해하지도 않는 주제, 포스트-크리스텐덤(탈-기독교 세계 혹은 후기-기독교 세계)을 넘어 무종교 사회로 접어들고 있는 시기에 맞지도 않는 주제, 다양한 가치와 문화가 서로 경쟁하며 공존하는 다문화 사회에 적합하지 않은 접근 방식, 더군다나 코로나19 팬데믹으로 완전히 새로운 사회가 도래할 것을 예측하고 있는 때에 지나치게 종교적이고 실존적인 방어적 주제의 글을 가지고 어떻게 복음과 교회의 본질을 세상에 드러낸단 말인가? 그래서인지 답답함이 증폭되었고 새로운 관점으로 쓴 책의 발간에 대한 의무감마저 느끼게 되었다. 나는 이 책에서 코로나19 팬데믹 상황 속에 있는 교회가 "공교회성"과 "공동체성" 그리고 "공공성"이라는 본질적인 차원의 회복이 필요함을 역설했다. 단지 예배를 드리는 종교적 모임이 아닌 세상의 대조 사회로서의 진정한 공동체가 교회임을 보여주고 싶었다. 특히 "공공성"의 회복이 너무나 중요하다는 것을 강조할 것이다. 공공성은 세 가지 차원에서 접근했다. "정의", "생태" 그리고 "평화"다.

오래 전 읽었던 『영성의 세 가지 색깔』(NCD, 2010)이라는 책이 있다. 이 책의 흥미로운 점은 삼위일체 하나님을 세 가지 색깔로 표현했다는 것이다. 빛의 3원색은 빨강, 파랑, 초록이다. 우리 "위에 계신" 성부 하나님은 초록색, 우리 "가운데 계신" 성자 하나님은 빨강색, 우리 "안에 계신" 성령 하나님은 파랑색으로 표현했다. 우리 위에 계신 성부 하나님은 "세상"과 짝이고, 우리 가운데 계신 성자 하나님은 "말씀"과 짝이며, 우리 안에 계신 성령 하나님은 "영"과 짝이다. 책을 읽으며 이 표현을 현대적으로 바꾸어도 좋겠다는 생각을 했다. 세상을 창조하신 하나님과 관련된 초록은 "생태", 하나님의 의를 성취하기 위해 말씀이 육신이 되신 예수님과 관련된 빨강은 "정의" 그리고 비둘기로 상징되는 성령님과 관련된 파랑은 "평화"로 말이다. 하나님은 생태의 가치를, 예수님은 정의의 가치를, 그리고 성령님은 평화의 가치를 우리에게 부여하신다고 보아도 좋을 것 같다. 이런 표현은 전 세계가 사용하는 상징과 맞아떨어진다. 빨강은 사회적 가치를 상징하고 녹색은 생태적 가치를 상징하며 파랑은 평화적 가치를 상징하니 말이다. 그동안 유럽에서는 사회당과 녹색당이 연합하여 정책을 펼치는

"적녹 동맹"을 이루었지만 이제는 "적녹청 연합"을 이루어야 할 때다. 삼위일체 하나님께서 상호내주 및 상호침투하며 사랑의 사귐 가운데 계시듯이 "정의", "생태", "평화"가 하나로 어우러지는 세상을 만드는 데 교회가 앞장서야 한다.

1장 "코로나19 팬데믹을 어떻게 받아들여야 하는가?"에서는 대조 사회로서의 교회가 재난 유토피아를 보여주는 공동체성을 회복해야 한다고 주장했다. 2장 "코로나19 사태가 주는 도전은 무엇일가?"에서는 대안 사회로서의 교회가 세상의 불평등을 해결하는 "정의" 차원의 공공성을 실천해야 함을, 3장 "성자적 영성과 혁명가적 영성으로 본 코로나19"에서는 기후 위기를 극복하는 "생태" 차원의 공공성을 실천해야 함을, 4장 "리오리엔트, 코로나19의 핵심 징후"에서는 서구(서유럽)와 동구(동유럽)뿐 아니라 서방과 동방의 통합을 이루어야 하는 "평화" 차원의 공공성을 실천해야 함을 주장했다. 5장 "코로나19는 사회의 기준축을 좌측으로 이동시켰다"에서는 코로나19 아래 치러진 제21대 총선의 결과를 보며 달라진 정치 지형 속에서 교회는 무엇을 해야 하는지에 대해 나누었다. 마지막 6장 "파라볼라노이, 그리스도인의 정체성"에서는 부활 신앙을 가진 그리스도인이 재난 속에서도 위험을 무릅쓰는 자로 살아갈 수밖에 없음을 확인하고 우리 교회가 코로나19 사태 속에서 어떤 실천을 했는지에 대해 나눌 것이다. 이 책이 코로나19에 대한 기존의 접근 방식이 아닌 새로운 방식의 접근에 도움이 되기를 바라며 복음과 교회에 대한 근본적인 고민 속에서 포스트-코로나를 대비하는 한국교회에 작은 도움이라도 되었으면 한다. 어려운 중에도 온라인 예배에 전심으로 동참했을 뿐 아니라 힘든 실천을 함께해준 우리 교인과 항상 멋진 기획으로 어려운 상황을 돌파해내는 아내 임영신과 시의성 있는 주제이기에 일반적인 출간 일정을 뛰어넘어 이 책을 앞당겨 출간한 새물결플러스 김요한 대표님께 감사드린다. 『페어 처치』와 『성자와 혁명가』에 추천사를 써주신 분들이 계신다. 너무나 바쁜 분들임에도 불구하고 추천사를 써주셨다. 특히 『성자와 혁명가』는 출간한 지 얼마 되지 않는다. 그렇기에 부탁드렸다면 모두 써주실 분들이지만 다시 부탁드리기 너무 죄송했다. 하여 코로나19 사태 중 만나게 된 분들과 본서에서 내용을 나눈 분들과 대화를 나눈 분들에게 부탁드렸다. 이 자리를 빌려 추천사를 써주신 분들께도 진심으로 감사드린다.

1장

코로나19 팬데믹을 어떻게 받아들여야 하는가?

공동체-재난 유토피아를 보여주는 공동체

코로나19는 하나님의 심판인가?

코로나19 사태가 터지자 여지없이 나오는 반응은 코로나19가 하나님의 심판이라는 말이다. 과연 코로나는 하나님의 심판인가? 코로나19 사태를 "하나님의 심판"으로 부르는 것은 잘못이다. 박유미 교수에 의하면 첫째, 구약에는 분명 질병이나 전염병을 하나님의 심판 도구로 사용한 예들이 나온다. 이런 경우에는 반드시 하나님이나 예언자의 예고가 등장하고 그 뒤에 질병이 발병하므로 그 질병이 하나님의 심판이라는 사실을 모든 사람이 명확히 알 수 있도록 한다. 대표적인 심판인 출애굽기의 열 재앙도, 다윗이 인구 조사를 하는 범죄를 저지른 경우에도, 민수기 16장의 질병으로 인한 징계도 모두 하나님 자신 혹은 예언자를 통해 심판의 예고와 이유를 분명히 밝히고 있다. 하지만 코로나19 사태는 그런 경우가 아니다.

둘째, 하나님께서 심판을 위해 일으키신 질병은 절대로 인간의 능력으로 해결할 수 없다는 사실이다. 하지만 코로나19는 적절한 방역을 통해 해결 가능한 질병이다. 하나님께서 내리시는 재앙은 인간의 힘으로 해결할 수 없기에 그분의 자비와 도우심을 구하며 부르짖을 수밖에 없는 성격을 띤다. 즉, 구약의 재앙은 당시 이스라엘 백성들에게 하나님의 능력을 알리는 방편이었으며 그분께서 세상을 다스리던 하나의 수단이었다. 이렇게 하나님의 구원 이야기에서 특별히 선택된 민족을 향한 메시지를, 그것도 구약에 국한된 메시지를 구속사와 직접적인 상관이 없는 현대 사회에서 일어나는 참사에 그대로 적용하는 것은 적절하지 않다.

무엇보다 성경 자체도 질병이나 자연 재해 등 재앙을 모두 하나님의 심판으로 보는 해석을 배격하고 있다. 욥은 죄 때문에 고난받은 것이 아니라 하나님의 섭리와 경륜으로 인해 고난받은 것이었다. 이렇게 인간 세상에서 일어나는 재앙 가운데는 인간이 설명할 수 없는 하나님의 경륜에 속한 것이 아주 많다. 이 부분은 악함이나 불의, 부실과 같은 인간의 잘못으로 설명할 수 없는 영역이다. 요한복음 9장을 보면 제자들이 선천적 시각장애인을 보고 그가 앞을 못 보는 것이 그의 죄 때문인지 그의 부모의 죄 때문인지를 예수님께 물었을 때 당시 유대 사회의 시각과 달리 예수님은 누구의 죄 때문이 아니라 하나님이 하시는 일을 드러내기 위해서라고 답하시는 장면이 나온다. 따라서 우리는 코로나19 팬데믹이 하나님의 심판이냐 아니냐 또는 누구의 죄 때문이냐에 관심을 가질 것이 아니라 코로나19 팬데믹 상황에서 어떻게 하나님의 영광을 드러낼 것인지, 어떻게 해야 비신자들이 선한 일을 보고 하나님께 영광을 돌리도록 할 것인지에 대해 고민해야 한다.

이와 관련해 한 가지 더 이야기하고 싶은 것이 있다. 기독교는 자꾸 기독교 내에서나 통용될 수 있는 메시지를 현대 사회의 공론장에 통용될 수 있는 공적 언어로 번역하지 않은 채 그대로 전하는 경향이 있는데 이것의 문제점을 깊이 깨달아야 한다. 예를 들어, 종교개혁가들은 크리스텐덤 속에 살았다. 그렇기에 구약의 이스라엘에 적용했던 관점을 대중들에게 그대로 이야기해도 크게 문제가 되지 않았다. 종교개혁가들은 전염병에 대한 관점을 "심판"과 "훈련"이라는 전통적인 관점으로 본다. 전염병은 하나님의 원수들에게는 "보복의 심판"이지만 하나님의 백성들에게는 "징계의 심판"이자 영적인 "훈련의 과정"이라고 보았다. 이런 관점은 고난 속에 있는 성도들에게 매우 교훈적이었을 것이다. 하지만 지금은 포스트-크리스텐덤 시대이자 무종교 사회이며 다문화 사회다. 더군다나 4차 산업 혁명을 이야기하는 초연결, 초지능, 초융합 사회다. 이런 사회에서 기독교 내에서나 통할 말들을 여과 없이 해대니 세상 사람들이 볼 때 기독교가 얼마나 비상식적인 집단으로 보이겠는가? 신천지나 기독교나 매한가지처럼 보일 것이다.

현대 교회는 가나안 땅의 이스라엘이 아니라 바빌론 제국 포로기의 이스라엘 백성과 같은 처지다. 그렇다면 가나안 땅의 이스라엘에게나 통할 말들은 그만하고 바빌론 포로기의 이스라엘과 바빌론 사회를 향해 해야 할 말들을 해야 한다. 이미 심판을 당하고 바빌론 포로기에 있는 이스라엘을 향한 비전은 회복의 비전이었다. 메시아를 통해 회복될 하나님 나라의 비전이었다. 새로운 사회, 새로운 세상, 새로운 미래를 보여주어야 한다. 심판이냐 아니냐, 누구의 죄이냐가 아니라 고난 이후 무엇이 기다리고 있느냐, 고난 속에서도 하나님은 무엇을 하고 계시느냐를 물어야 하며 새로운 비전을 제시해야 한다. 바빌론의 도시를 향해 평화(샬롬)를 선포하라는 예레미야의 말씀과 사자와 어린양이 함께 뒹구는 세상에 대한 이사야의 비전을 선포해야 한다. 물론 교회를 향해서는 가나안 땅의 이스라엘을 향해 선포했던 예언자들의 외침을 계속해서 선포해야 한다. 회개하지 않으면 심판을 받을 것에 대해 이야기해야 한다. 그렇지 않으면 이토록 타락한 한국교회가 변하지 않기 때문이다. 하지만 세상을 향해서는 회복의 비전을 선포해야 하며 예수 그리스도를 통해 성취하신 하나님 나라의 비전을 교회 공동체의 존재와 삶을 통해 가시적으로 드러내야 한다.

지금이 하나님의 주권을 말할 때인가?

서론에서 말한 세 권의 책 중 하나는 존 파이퍼(John Piper)의 『코로나 바이러스와 그리스도』(개혁된실천사, 2020)이다. 존 파이퍼는 이 책에서 재난에 대한 복음주의자의 전형적인 해석을 보여준다. 복음주의자들은 모든 상황에서 하나님의 주권을 내세우는 말을 한다. 그렇게 하는 것이 경건해 보이기 때문일까? 모르겠다. 하지만 우리는 하나님의 주권을 강조해야 할 때가 있는 반면 그것에 대해 침묵해야 할 때가 있다는 사실을 이해해야 한다. 모든 상황 속에서, 특히 재난이 일어날 때마다 그렇게 말하는 것은 옳지 않다. 상황과 입장에 따라 하나님의 주권에 대한 강조가 전혀 다른 의미로 받아들여지기 때문이다. 복음주의자들은 이걸 잘 이해하지 못한다. 나 역시 복음주의자이기에 이 상황이 더욱 안타깝다. 존 파이퍼가 자신의 암투병 생활에 대해 먼저 말하는 걸 보면 복음주의자들의 접근 방식이 어떠한지를 잘 보여준다. 개인적 고난에 대한 실존적인 신앙고백의 차원에서 발화되어야 할 말들을 사회적 재난에 대해 그대로 대입하는 방식 말이다. 그들은 개인적 차원과 사회적 차원을 잘 구별하지 못한다.

존 파이퍼는 1부 "코로나 바이러스를 다스리는 하나님"에서 하나님이 주권자이심을 강조한다. 그의 말을 그대로 들어보자. "하나님은 코로나 바이러스를 다스리신다. 나는 이것이 좋은 소식이라는 것, 곧 혹독한 섭리 가운데서 하나님의 달콤함을 경험할 수 있는 비결임을 보이길 원한다. 하나님이 만물을 다스리신다 함은 그분이 주권자이시라는 의미를 지닌다. 하나님이 주권자이시라는 것은 자신이 결정적으로 의도한 일을 모두 이룰 수 있고, 또 이루신다는 뜻이다.…하나님은 미래에 어떤 일이 있을 것이라고 선언하는 데 그치지 않으시고, 그 일이 실제로 일어나게 하신다. 몇몇 일이 아닌 '모든 일'이 하나님 외부의 힘이나 의지의 결정이 아닌 '그분의 뜻의 결정대로' 이루어진다. 다른 말로 하자면, 하나님의 주권은 모든 것을 포괄하며, 모든 것에 미친다. 이 세상에 대한 하나님의 통치는 절대적이다.…따라서 코로나 바이러스도 하나님이 보내신 것이다. 지금은 하나님을 감상적으로 생각할 때가 아니다. 지금은 혹독한 시련의 때다. 하나님이 이 일을 작정하셨고, 통제하신다. 하나님은 결국 이 일을 끝내실 것이다."

정말 놀랍다. 아니 무섭다. 아니 거부감이 든다. 구원의 하나님을 경험한 나 같은 목사조차도 말이다. 하나님이 코로나19를 보내셨다니. 하나님이 작정하셨고 실행하셨으며 통제하고 계신다니. 이 얼마나 경건한 말인 동시에 불경건한 말인가? 존 파이퍼의 이러한 말들이 "하나님이 한국 국민을 정신 차리게 하려고 세월호를 침몰시켰다"고 말한 김삼환 목사의 말과 무엇이 다른가? 정녕 이러한 말들이 선하신 하나님을 악의 화신으로 만든다는 것을 모른다는 말인가? 이러한 현상은 복음주의자들이 오직 가해자의 죄를 용서하는 십자가의 능력만 알뿐 피해자의 탄원을 신원해주는 십자가의 능력을 이해하지 못하기 때문에 나타나는 현상이고, 개인적 고난 가운데 있는 신자가 실존적인 신앙고백 차원에서 발화해야 할 말들을 사회적 재난에 그대로 대입시키는 사고방식의 오류로 나타나는 현상이며, 모든 걸 "신정론적" 입장에서 말하지 않으면 안 되는 방어적 강박 때문에 나타나는 현상이다. 이런 복음주의자들의 사고방식과 신학 때문에 사회적 재난조차 하나님의 백성을 일깨우기 위해 하나님이 주신 고난이 되어버린다. 그렇기에 존 파이퍼는 자연스럽게 제2부의 내용을 이야기할 수 있다.

존 파이퍼는 2부 "하나님은 코로나 바이러스를 통해 무엇을 하고 계시는가"에서 여섯 가지를 제시한다. ① 끔찍한 도덕적 현실을 그림처럼 보여줌, ② 특정한 사람들에게 하나님의 심판을 내림, ③ 그리스도의 재림을 대비하라는 신호, ④ 그리스도의 무한한 가치에 비추어 삶을 재정렬하라는 신호, ⑤ 위험 속에서도 선을 행하라는 부르심, ⑥ 선교의 진전을 가져옴 등이다. 그중 ④, ⑤, ⑥에 대해서는 크게 할 말이 없다. 경건한 그리스도인이라면 마땅히 고백할 수 있는 내용 정도이기 때문이다. 하지만 ①, ②, ③은 좀 더 깊이 생각해보아야 한다. 특히 ①이 그렇다. ② "특정한 사람들에게 하나님의 심판을 내림"에서 예로 든 두 가지 중 하나가 "동성애 관련 성경 구절"이어서 미국에서는 논란이 많은가보다. 하나님이 동성애자들의 죄를 심판하기 위해 코로나19를 내리신 것처럼 읽힐 수 있기 때문이다. 하지만 여기서는 코로나19와 관련해 ① "끔찍한 도덕적 현실을 그림처럼 보여줌"에 대해서만 말하고자 한다.

과연 코로나19 팬데믹 사태는 세상 사람들에게 하나님을 경홀히 여기는 죄의 영적인 추악함과 그 끔찍한 도덕적 현실을 그림처럼 보여주기 위해 하나님이 일으키신 사건인가? 그렇다면 유대인을 600만 명이나 학살한 역사적 비극도 하나님을 경홀히 여기는 죄의 영적인 추악함과 그 끔찍한 도덕적 현실을 그림처럼 보여주기 위해 하나님이 일으키신 사건인가? 홀로코스트가 우리의 죄성을 일깨우기 위한 그림에 불과한가? 개인 영혼 구원의 복음을 받아들이게 하려면 자신의 죄에 대한 깊은 자각을 불러일으켜야 한다는 "복음주의적 강박"이 현실 속에 존재하는 악을 단지 복음을 전하기 위한 배경 그림으로 축소시키고 있는 것은 아닌가? 역사적 비극과 사회적 재난 한가운데서 역사하는 악의 실체, 즉 구조적 악 가운데 역사하는 정사와 권세의 문제는 도대체 어디로 가버린 것인가? 예수님이 바로 이 정사와 권세와 싸우기 위해 십자가에 달려 죽으신 것 아닌가? 무엇보다 그 역사적 비극과 사회적 재난 한가운데서 신음하는 피해자들을 그렇게 가볍게 지나쳐도 되는 것인가? 아우슈비츠에서 학살당한 사람들의 절규는 어디로 갔는가? 세월호 참사로 인해 죽은 아이와 유가족들 그리고 그들과 함께 아파하는 시민들의 한 서린 절규는 도대체 어디로 갔는가? 아벨의 핏소리를 들으시는 하나님께서 그들의 아픔과 절규를 들으시고 신원해주지 않으시는가? 그들은 우리를 깨닫게 하기 위해 죽어간 하나님의 희생양들인가? 하나님은 무고한 자를 죽이는 학살자이신가?

이런 복음주의자들의 사고방식과 신학은 뿌리가 깊어서 어떤 상황 어떤 주제에 대해서도 비슷한 현상을 보인다. 주일 설교를 준비하기 위해 어느 유명한 초대형 교회 목사님의 설교집을 읽은 적이 있다. 헤롯왕의 영아 살해 본문이었다. 솔직히 너무 황당하고 마음이 아파 가슴이 떨릴 지경이었다. 그대로 옮겨본다. "헤롯왕이 영아들을 죽인 사건은 그 시대에 관영한 악을 보여주기 위해 하나님께 쓰임을 받은 것입니다. 영아들이 예수님의 구속사를 이루기 위해 죽었다면 기뻐할 일입니다. 영아 학살 사건은 가고 오는 세대에 가장 빠지기 쉬운 '자식 우상'에 대한 경고입니다.…실수가 없으신 하나님이 히틀러를 죽이지 않고 유대인 6백만 명이 죽는 것을 용납하셨다는 것을 믿어야 합니다. 홀로코스트 학살보다 기가 막힌 것은 6백만 명이 죽는 사건을 겪고도 유대인들이 예수님을 안 믿는다는 것입니다. 그들은 출신과 학벌과 배경을 따지다가 예수님을 십자가에 못 박았습니다. 유대인처럼 대단한 학식과 부를 쌓은 사람들은 믿기가 더 어렵습니다. 그래서 6백만 학살 사건은 있어야 될 일입니다. '저런 일을 겪어도 못 믿는 예수님을 내가 믿는 것이 얼마나 대단한가!' 내가 예수님을 믿는 것이 정말 기적이라는 걸 알아야 합니다."

이 얼마나 참담한 말인가? 우리가 자식이란 우상에 빠졌음을 깨닫게 하기 위해 저들이 저렇게 죽어간 일이기에 기뻐하라고? 예수 그리스도를 믿지 않는 유대인들이기에 6백만 학살 사건은 당연히 있어야 할 일이라고? 복음주의자들이 이런 시각을 가졌기 때문에 코로나19도 하나님이 보내신 것이고 우리의 죄를 깨닫게 하기 위한 그림에 불과한 것이라고 말할 수 있는 것이다. 정녕 저 초대형 교회의 담임 목사는 영아를 학살한 헤롯의 폭력적 권세와 연속선상에 있는 권세가 무죄한 예수 그리스도까지 십자가에 못 박았다는 사실을 모른단 말인가? 예수 그리스도께서 세월호 참사의 희생자와 홀로코스트의 희생자들 그리고 저 죽어간 영아들과 함께 고통당하고 계신다는 사실을 알지 못한다는 말인가? 희생자들을 만들어낸 악한 권세를 멸하기 위해 십자가 한가운데서 그런 권세들과 싸우시는 예수님의 정의와 사랑을 알지 못한다는 말인가? 지금은 그리스도께서 코로나19라는 재난으로 인해 고통당하는 사람들 가운데 그리고 재난 한가운데서 방역을 위해 분투하며 코로나19와 싸우는 사람들과 함께하신다는 것을 모른다는 말인가? 진정한 그리스도인이라면 코로나19 팬데믹 사태를 보며 그것을 자신의 죄와 인류의 죄악된 실상을 깨닫기 위한 그림으로 받아들일 것이 아니라 그리스도께서 정사와 권세의 폭력적 힘이 쏟아지는 십자가 한가운데서 자신의 전 삶을 투신해 싸우셨던 것처럼 재난 한가운데로 나아가 죄와 싸우고 사랑을 실천하며 새로운 대안적 세계를 만드는 일에 힘써야 하는 것 아닌가?

③ "그리스도의 재림을 대비하라는 신호"도 마찬가지다. 그리스도인들은 항상 재난을 말세의 징조로 보는 경향이 있다. 그들은 재난이 말세의 징조이므로 종말론적 소망을 가지고 고난을 이겨내야 한다고 말한다. 종교개혁가들도 마찬가지다. 페스트가 중세를 끝장냈다고 해도 과언이 아니지만 페스트는 종교개혁 시대에도 종종 창궐했다. 루터나 칼뱅이 사역하는 도시에도 페스트가 돌았다. 종교개혁가들의 가족이나 가까운 동지들이 수도 없이 죽어나갔다. 츠빙글리는 그 자신이 페스트에 걸렸다가 구사일생으로 살아나기도 했다. 그는 그 과정을 통해 깊은 영적 체험을 하고 하나님을 인격적으로 만나 하나님의 절대주권을 인정하며 과감하게 종교개혁을 일으켰다고 한다. 루터, 츠빙글리, 칼뱅 등 모두 재난을 종말론적 관점으로 바라보았다. 충분히 이해가 된다. 목회적 관점에서 종말론적 신앙으로 죽음의 슬픔을 이겨내야 하고 소망을 품으며 현재의 고난을 인내하라고 성도들에게 권면하고 위로할 필요성이 있음을 잘 알기 때문이다.

하지만 이런 시각만 가지면 안 된다. 이런 시각은 내세중심적 세계관에서 나왔기 때문이다. 죄 많은 이 세상은 내 집이 아니므로 하늘에 있는 본향을 소망하며 살아가는 삶을 가장 가치 있게 여기다 보니 지금 여기서 책임져야 할 일들을 방기하게 만들기 때문이다. 진정한 종말론적 관점은 그런 것이 아니다. 물론 우리는 그리스도의 재림을 소망해야 한다. 우리 몸의 부활을 기대해야 한다. 하지만 그리스도의 재림을 소망하는 이유는 이 세상은 사라지고 내 영혼이 저 하늘에서 영원히 살아가게 될 것이기 때문이 아니다. 그리스도의 재림으로 말미암아 악이 끝장나고 선이 최종적으로 승리하기 때문이다. 우리가 십자가를 지고 악과 싸우며 이 땅에 이루고자 했던 새 하늘과 새 땅이 온전히 성취되기 때문이다.

김근주 교수가 말한 것처럼 부활 신앙은 이 땅의 불의로 말미암은 억울하고 무고한 죽음과 연관된다. 특히 의인들의 죽음과 연관된다. 하나님 나라와 하나님의 영광을 위해서 죽임당한 의인들은 어떻게 되는 것인가? 선하시고 신실하신 하나님이 의인들을 죽게 내버려 둔 것처럼 보이는 것을 어떻게 해석할 것인가? 그리고 그것은 선에 대한 악의 승리인가? 이 물음이 무고한 죽음과 의인들의 죽음 앞에 선 신앙인들에겐 가장 중요한 숙제가 될 때, 이 의문에 대한 답이 바로 부활이다. 선하신 하나님이 의인들이 고난당하고 순교당하면 그들을 안전한 곳으로 데려가시고 마침내 이 의인들을 다시 일으키셔서 영원한 생명을 주실 것이다. 의인들을 죽게 만든 악인들이 이 세상에서 형통하고 승리하며 살아가는 것처럼 보이지만 실상은 승리하지 못한 것이며 최종적으로는 하나님께 악하다는 평가를 받고 영원한 죽음 가운데 처하기 위해서 악인들도 다시 살아나야 했다. 악인과 의인 할 것 없이 모두 부활해서 최후의 심판대 앞에 서게 되며 악인들은 악하다고 판정받고 멸하게 되고 의인들은 의롭다고 판정받고 영원한 삶을 누리게 되는 것이 하나님의 선하심과 신실하심에 가장 걸맞은 결과다. 이것은 무고한 죽음과 순교를 당한 자들의 탄원을 최종적이고 완전하게 신원해주시는 하나님의 정의이기도 했다. 선하시고 신실하신 하나님은 현세처럼 불의와 악이 판치는 세상이 아닌 무고하고 의로운 피를 흘린 자들의 탄원이 신원되고 하나님의 공의와 정의가 온전히 성취되어 생명과 평화가 넘치는 세상이자 지금과는 전혀 다른 새 하늘과 새 땅을 건설하셔서 부활한 의인들이 자신의 영광 가운데 살게 하실 것이다. 우리는 이러한 부활 신앙이 있기에 진리와 정의를 위해 피 흘리기까지 싸울 수 있고, 환난과 핍박 속에서도 하나님의 완전한 통치를 기대할 수 있다. 다시 말하면 진정한 부활 신앙은 진리와 정의를 위해 피 흘리기까지 싸우며 환난과 핍박 한가운데서 하나님의 완전한 통치를 기대하고 있는 사람들에게만 주어지는 것이다. 부활 신앙은 고난 한가운데서 하나님의 통치를 소망하며 기대하는 것이고, 새 하늘과 새 땅을 기다리고 확신하는 것이며, 동시에 지금 여기서 그것을 이루어가시는 하나님을 철저히 신뢰하며 하나님의 선교에 동참하는 것이다. 이것이 부활을 믿으며 종말을 소망하는 참 신앙인의 삶이다.

우리는 코로나19 팬데믹 사태 속에서 앵무새처럼 하나님의 주권을 되뇌기보다 하나님을 하나님 되게 하기 위해 그분의 사랑과 정의를 재난의 현장 한가운데서 실천해야 한다. 우리는 코로나19 팬데믹을 우리의 죄를 깨닫기 위한 그림 정도로 볼 것이 아니라 고통당하는 자들과 함께하며 주님이 정사와 권세와 싸우고 계신 전장으로 이해

해야 할 것이다. 참 부활의 신앙으로 지금 여기에 하나님 나라와 의를 이루는 종말론적 삶을 살아야 한다. 기독교 공동체는 코로나19 팬데믹 한가운데서 하나님 나라를 가시적으로 보여주는 공동체적 삶과 하나님의 샬롬을 지금 여기서 실현하는 선교적 삶을 보여주어야 한다.

기독교는 자유와 책임의 종교다

하나님의 주권을 강조하다 보면 나타나는 현상 중 하나는 하나님의 통치와 인간의 책임을 대립시켜서 사고하게 된다는 점이다. 영적인 사람일수록 하나님이 친히 일하시도록 그분께 모든 걸 맡기고 우리는 그분의 역사하심을 기다려야 한다는 말을 많이 한다. 예배도 이런 맥락에서 받아들인다. 함께 모여 예배드리는 것은 곧 하나님의 주권을 인정하는 행위이고 하나님이 친히 일하실 것을 고백하는 행위이며 그분이 일하실 것을 믿는 믿음의 행위가 된다. 이런 사고방식이 온라인 예배를 거부하게 만들기도 한다. 우리가 예배에 목숨 걸면 하나님이 역사하시어 우리를 지켜주신다고 말하면서 예배를 강행하기도 한다.

코로나19 상황에서 모 교단의 차기 총회장이 될 목사가 한 설교를 들어 보니 좀 조심스러운 면이 있다. 뒤에서 자세히 다루겠지만 전염병이 창궐할 때 그리스도인의 사망률은 매우 낮았다. 165년 마르쿠스 아우렐리우스 시대에 전 제국의 1/3 정도가 천연두로 사망했고, 251년에 알렉산드리아 인구 2/3가 사망할 정도로 엄청난 전염병이 유행할 당시 모두가 좌절하고 도망갈 때 초기 교회는 도리어 쌓여 있던 시신들을 정리하고 장례를 치러주었다. 그렇게 했음에도 불구하고 그리스도인의 사망률은 극히 낮았다. 이에 대해 이야기하면서 그 목사는 그리스도인이 사람들을 섬길 수 있었던 이유가 그들에게 모든 전염병을 예방해주시고 전염병 균을 물리쳐주시는 전능하신 하나님을 믿는 믿음이 있었기 때문이라고 설명한다. 그는 우리도 그런 믿음을 가지면 하나님이 우리 안에 최고로 강력한 면역 체계와 항체를 생성하게 하셔서 코로나 바이러스가 틈도 못 타게 될 것이라고 말한다. 하지만 이는 위험한 사고방식이다. 그것은 대중 집회 금지 조치에도 아랑곳하지 않고 문재인 탄핵을 외치며 광화문 집회를 이끌고 있는 전광훈 목사가 우리는 코로나에 걸리지도 않을 것이며 설령 걸려도 다 치유될 것이라고 말하는 것과 하등 다를 바가 없는 사고방식이다. 이런 식의 사고방식은 그것과 비슷한 사고방식을 가진 신천지가 이번에 코로나19의 슈퍼 전파자가 된 것과 비슷한 양상을 만들어낼 가능성이 높다.

물론 우리는 치유의 하나님을 절대적으로 신뢰하고 믿어야 한다. 내적 치유 사역과 성령 사역을 했던 나 역시 이것을 매우 강조한다. 하지만 하나님이 종종 그런 예외적인 경우로 우리 가운데 역사하신다고 해도 그것을 지배적인 삶의 원리로 삼지 않고 대부분은 자연 법칙(일반 은총)을 통해 역사하신다. 그래서 우리가 아프면 병원에 가는 것이다. 코로나19 때문에 지금과 같이 지나치게 두려워하거나 공포에 빠지는 것도 문제지만 이런 식의 주술적인 믿음은 우리를 매우 큰 위험에 빠지게 만든다. 차라리 철저한 예방 조치를 취하는 것이 상식적이고 제대로 된 반응이다. 초기 교회는 당시 세상 사람들보다 차원 높고 위대한 행위를 한 것이지 수준 낮고 무모한 행동을 한 것이 아니다. 우리는 외적인 행태를 모방할 것이 아니라 그것을 가능하게 만든 본질적인 힘을 붙들어야 한다. 초기 교회는 그 행위를 통해 "하나님이 하시는 일"을 세상에 보여주었다. 하나님께서 그들의 고통과 함께하시며 악과 싸우고 계신다는 사실을 보여주었다. 그들의 사랑의 섬김은 하나님 나라를 지금 여기서 실체화하는 표적이다. 그렇다면 우리는 이런 재난의 상황에서 하나님 나라를 지금 여기에 실체화하기 위해 어떻게 살아야 할지를 고민하는 것이 훨씬 더 중요하다. 초기 교회는 "하나님이 하신 일"을 행함으로써 하나님의 통치를 회복했고 하나님 나라를 지금 여기에 실체화했다. 초기 교회의 외적인 행태를 모방할 것이 아니라 차라리 일시적으로 힘들어하는 자영업자들에게 임대료를 받지 않는 착한 건물주나 분점의 월세 모두를 대납해준 어느 본점 그리고 자기 사업체를 잠시 접고 대구에 내려간 의사와 간호사들과 생활 보조인들이나 그들에게 숙소를 무료로 제공하는 숙박업소처럼 지금 이 시대의 상식을 지켜가면서 어떻게 더 차원 높고 위대한 행위를 할 것인지를 고민해야 한다.

물론 우리는 "선교"와 "섬김" 및 "교제"가 "예배"로부터 나와야 함을 그리고 초기 교회는 예배에 목숨을 건 공동체였음을 기억해야 한다. 또한 함께 모여 주일 공예배를 드리는 것에 목숨 걸 줄 아는 사람들이 온라인 예배를 드릴 때 진정성이 있다고 말할 수 있다. 그렇기에 주일 공예배를 지키는 것은 중요하다. 하지만 주일을 잘 지키지 않는 지금의 현상은 온라인 예배 때문에 발생한 것이 아니다. 지난 100년 동안 예배를 목숨 걸고 지키는 공동체의 중요성에 대해 그렇게도 강조해왔는데도 지금의 현상이 일어난 것 아닌가? 온라인 예배가 주일성수를 희석시키는 것이 아니라 온라인 예배로 말미암는 예배 참석자수의 감소는 지금까지의 기독교 수준을 드러내줄 뿐이다. 도대체 책임을 어디에 돌리고 있는 것인가? 더군다나 주일 공예배를 온라인 예배로 대체하는 것 자체를 믿음이 없는 행위로 보는 것은 문제가 있다. 성경 자체도 주일 예배를 절대적으로 변경 불가능한 무슨 율법 같은 것으로 말하지 않는다. 구약조차 특수한 사정이 있는 경우 유월절을 한 달 뒤로 미뤄 지킬 수 있도록 했다. 율법의 본질을 성취한 신약은 말할 필요도 없다. 신약에서 말하는 주일성수는 율법이 아니다. 로마서가 말하는 것처럼 각자 믿음대로 결정할 수 있는 공동체적 약속이고 신앙의 훈련이며 감사의 축제다. 주일성수와 공예배는 특별한 사정이 있을 경우 공동체적 결정에 따라 다른 날에 예배를 드리거나 다른 형태의 예배를 드릴 수 있는 성격의 것이다. 초기 교회도 핍박을 피해 지하 묘지 공간인 카타콤에서 예배를 드리기도 했고 재난이 닥칠 때는 예배를 폐하거나 다른 시간과 공간에서 예배를 드리기도 했다. 더군다나 교회도 사회 안에 존재하는 법인격이며 시민 사회의 일원이기에 재난 가운데 상식적이고 책임 있는 반응을 해야 한다. 인간이 해야 할 책임을 도외시하면서 예배를 드린다고 해서 하나님이 그 예배를 받으시는가? 교회는 시민 사회의 일원이 아닌가?

교회의 논리와 사회의 논리를 대립시키는 이러한 사고방식에는 성속 이원론이라는 사고방식뿐 아니라 인간의 책임과 하나님의 역사를 대립적으로 보는 사고방식이 스며들어 있다. 이러한 사고방식으로 인해 이웃 사랑을 외면한 하나님 사랑만을 강조하게 된다. 지금의 온라인 예배는 특수한 상황 속에서 이웃을 자기 자신처럼 섬기라는 이중 계명에 대한 순종이며 복음의 공공성을 실천하는 차원에서도 합당한 것이다. 페이스북에 회자되던 말이 있다. "예배드리면 죽인다고 칼이 들어올 때 예배드리는 것이 신앙입니다. 그러나 예배 모임이 칼이 되어 남들의 목숨을 위태롭게 하면 모이지 않는 것이 신앙입니다."

　　하나님이 절대주권자이시고 친히 통치하신다는 말은 궁극적인 차원으로서 영적 차원에서 말할 수 있는 것이지, 현실적인 차원으로서 우리가 존재하는 시공간 안에서 벌어지는 모든 것에 대해 말할 수 있는 것이 아니다. 하나님의 주권은 궁극적 차원과 가치적 차원 그리고 이 세계의 역사가 나아갈 방향에 대해서 말할 수 있는 것이지, 구체적인 현실 차원에서 우리와 하나님 중 누가 행위의 주체인가를 논하는 것과 같은 차원에서 말해질 수 있는 것이 아니다. 그렇게 하는 것은 하나님을 인간과 같은 차원으로 형상화하는 우상숭배나 다를 바가 없다. 이렇게 하나님을 우상화한 후 인간의 책임을 도외시하는 것은 진정한 기독교의 모습이 아니다.

　　하나님은 인간을 하나님의 형상대로 창조하셨다. 나는 『성자와 혁명가』(새물결플러스, 2019)에서 하나님 형상의 세 가지 의미에 대해 짧게 설명했다. 나는 그 책에서 하나님의 형상을 사람, 사랑, 사명, 이렇게 세 가지로 설명했다. "사람"은 하나님 형상의 인격성을, "사랑"은 하나님 형상의 관계성을, 그리고 "사명"은 하나님 형상의 기능성을 의미한다. 인간은 하나님 형상의 인격성을 가졌기에 하나님의 속성을 공유한 존재인 동시에 "주체적 자유"를 가진 존재이고, 하나님 형상의 관계성을 가졌기에 공동체를 이루고 "사랑의 사귐" 안에 있는 존재이며, 그리고 하나님 형상의 기능성을 가졌기에 대리 통치자로서 세상에 "보냄 받은" 존재다. 첫 번째 해석에서 가장 중요한 것이 바로 "자유"다. 인격의 가장 중요한 특징이 자기결정성이다. 좀 더 부연 설명하자면, "자기이유에 맞는 자기결정 능력"이다. 외부에서 주입한 삶의 이유가 아니라 자기 내부에서 발생하는 삶의 이유를 타인이 결정해주는 것이 아닌 자기 스스로 결정하는 것이 자유다.

하나님께서 이 자유를 주신 이유가 뭘까? 그걸 알기 위해 두 번째와 세 번째 해석이 중요하다. 그분이 우리를 사람으로 만드신 이유는 타자를 사랑하고 하나님 나라와 그분의 의를 구하는 사명을 감당하라는 것이다. 자유는 이웃에 대한 사랑과 사명에 대한 책임으로 나타날 때만이 진정한 자유다. 이런 책임을 감당하지 않은 죄가 바로 "태만의 죄"다. 고대 근동에서 형상은 왕의 대리자를 의미한다. 왕의 형상이 새겨진 도장이나 글을 갖고 가면 왕의 대리자가 된다. 왕의 형상이 세워진 곳은 곧 왕의 통치를 받는 곳을 의미한다. 따라서 형상은 통치권의 위임이라는 의미를 가진다. 권한과 능력과 기능을 위임해주는 것을 의미한다. 이것이 "다스리고 정복하라"라는 명령에 담긴 의미다. 또한 하나님은 에덴동산을 창설하시고 아담에게 그곳을 다스리며 지키라고 말씀하셨다. 에덴동산이 최초의 성전이었다. 하지만 아담은 "하나님의 성전"을 상징하는 에덴동산에 뱀이 침범하는 것을 막지 않았다. 뱀이 하와를 유혹할 때 권세를 가지고 멈추라고 명령하지 않았다. 뱀을 다스리고 정복해야 하는데 도리어 뱀이 자기에게 무엇인가를 행하도록 내버려둠으로써 제왕적 통치권을 행사하지 않은 "태만"의 죄를 범한 것이다. 이는 자신이 통치할 만한 존재가 되지 못한다는 "자기비하"의 죄며 제왕적 통치권을 가진 존재가 되는 것에 대한 "절망적인 거부"다. 이렇게 해서 잃어버린 통치권을 회복하기 위해 주님께서 이 땅에 오셨다. 그분은 십자가에서 죽으시고 부활하심으로써 우리가 잃어버린 통치권을 사탄에게서 회수해 다시 우리에게 맡기신다. 왕적 권세를 받은 우리는 다시 이 세상으로 보내어져서 세상을 다스리고 통치해야 한다. 하나님은 우리의 책임을 통해서 일하신다. 그분은 우리가 십자가를 지는 삶을 살아감을 통해서 십자가의 은혜를 이 땅에 가져오신다. 하나님이 우리를 돕는 것이 아니라 우리가 하나님을 돕는 삶을 살아야 한다. 우리가 책임을 다하는 것이 하나님을 돕는 것이다.

우리는 하나님이 기적이라 부를 수 있는 역사를 통해 우리의 삶에 간섭하시기를 바란다. 하지만 그 기적이라는 것도 대부분 개인적 차원의 것임을 알 수 있다. 매우 불편한 간증 중 하나가 이런 거다. 큰 참사가 있었는데 하나님이 자기를 살리셨다는 것이다. 물론 참사 속에서 살아난 것에 대해 하나님께 감사하는 것은 정말 중요하다. 그런 감사 행위 자체를 비판해서는 안 된다. 그런 상황에서도 우리는 더욱 감사해야 한다. 하지만 그 내용이 불편한 것은 사실이다. 그렇게 말하면 신정론의 문제가 야기된다. 한 사람을 살리는 기적을 행하신 하나님은 왜 나머지 수십 명 혹은 수백 명의 사람들은 구하지 않으셨을까? 한 사람은 구하기로 하셨고 나머지는 버리기로 작정하셨는가? 참사의 이중예정론인가? 이렇게 말하면 결국 이 땅에서 빈번하게 일어나는 불의한 일에 대한 책임을 신에게 전가하는 논리에 빠지게 된다.

호세 마리아 마르도네스(Jose Maria Mardones)에 의하면, 이러한 생각은 어떤 특정한 사회적 상황을 정당화하기 위한 방편으로 사용되기도 한다. 불의한 구조가 있는데 그러한 구조적 불의는 개의치 않고 오직 그 가운데 축복받는 사람의 편에 설 때만 하나님의 역사를 이야기하고 불행한 사람들은 하나님께 버림받은 사람이 된다. 그래서 이런 사고를 갖고 있는 사람들은 항상 불의와 악 앞에서 침묵할 뿐이다. 무서운 것은 이와 같은 사고방식은 우리가 현실에 존재하는 악을 용인하게 할 뿐 아니라 그러한 상황을 운명으로 받아들이고 그 운명 앞에 무기력하게 살아가도록 한다는 점이다. 이러한 패배주의는 항상 포기를 배우게 만든다. 모든 것은 쉽게 "신의 섭리"라는 말로 통쳐지며, 변화시킬 현실 안에 있는 불의와 악을 덮어버리고 그것을 변화시키길 포기한다.

우리를 이 세상의 통치자로 부르신 하나님은 우리가 직접 그 일을 하기 원하신다. 이스라엘이 가나안에 정착하면 하나님이 사막에서 주셨던 만나와 메추라기는 더 이상 내리지 않는다. 직접 경작해서 거둔 소출을 먹어야 한다. 달란트 비유를 보면 주인은 청지기에게 모든 것을 맡기고 먼 나라로 떠난다. 청지기는 다시 돌아올 때까지 장사해야 한다. 종교로 도피하지 말아야 한다. 우리는 세상으로 보냄 받아 "왕 같은 제사장"으로서 책임을 다해야 한다. 우리가 책임을 다하는 삶을 통해 그리스도를 증언해야 한다. 세상 사람들은 책임을 다하는 그리스도인을 통해 그리스도를 만난다. 세상 사람들은 위대한 그리스도를 만나기 전에 위대한 그리스도인을 먼저 만나게 되어 있다. 하나님은 바로 그런 방법을 통해 세상을 다스리신다. 우리가 이렇게 책임을 다하지 않을 때 기독교와 신천지는 별 차이가 없게 된다.

왜 신천지에 열광할까?

코로나19 사태를 계기로 신천지 집단의 정체가 만천하에 드러나고 있는데 사람들이 정말 놀란 것은 그곳에 젊은이들이 많다는 점이다. 약 6만 5천 명 정도로 추정되는 교육생을 제외한 공식 집계인 24만 명을 기준으로 하면, 20대 교인만 약 9만 명에서 10만 명 정도 된다고 한다. 10대와 30대를 제외한 젊은이들이 이렇게 많다. 한국교회는 20-30대가 교회를 떠나고 있는 추세인데 어떻게 해서 반사회적인 집단에는 이토록 많은 청년이 몰려드는 걸까? 변상욱 전 CBS 대기자이자 현 YTN 앵커에 의하면, 신천지에 청년들이 몰려드는 이유는 기성 사회와 가족 및 교회가 20대들에게 주지 못했던 것들을 신천지가 채

워췄기 때문이다. "좋은 종교가 현재에 대한 어려운 질문을 제공할 때 나쁜 종교는 미래에 대한 쉬운 답을 제공한다"라고 말한 문학평론가 신형철의 말 그대로다. 변상욱 앵커는 이를 4가지 사회심리학적 요인으로 정리한다. ① 자기 효능감, ② 함몰 비용의 법칙, ③ 터널 비전의 함정, ④ 희소성 모델이다. 이 네 가지 중 첫 번째와 마지막 요인이 가장 중요하다고 생각하기에 이 두 가지만 살펴본다.

첫째는 "자기 효능감"이다. 신천지는 실패를 겪은 상태에서 자존 감이 크게 떨어져 있는 청년들에게 당신도 세상을 바꿀 수 있다는 허황된 희망의 메시지를 건넨다. 요한계시록에 대한 비유 풀이와 짝풀이라는 천진한 성경해석학 덕분에 청년들은 헬조선의 불안한 미래를 장밋빛 종말로 대체할 수 있었다. 더군다나 구원이라는 혜택을 누릴 수 있는 VIP 회원권이 주어지는 "144,000"명에 속해 있다는 가슴 벅찬 소속감을 부여한다. 자기 집단에 밀폐되어 이러한 특권 의식을 향유하게 만드는 것이다. 그다음은 "희소성 모델"이다. 신천지에 들어가기 위해서는 엄청나게 힘들고 지난한 과정을 거쳐야 한다. 깊은 관계를 맺는 3개월간의 만남이 끝나면 신천지 무료 신학교에서 수업을 듣게 된다. 6개월짜리 신학교다. 청년들은 이곳에서 성경 구절 100개를 달달 외우게 된다. 이후 필기시험까지 통과하면 본인 사는 곳에 팀을 배정받는데, 이게 "입교" 단계다. 입교 이후에는 신천지 총본부에 등록이 되어 교인 카드를 발급받는다. 카드가 있으면 신천지의 모든 시설을 드나들 수 있다. "희소성 모델"이 여기서 작동한다. 이 과정을 거쳐서 조직에 대한 집착과 중독을 만드는 것이다.

과연 한국교회는 신천지처럼 "자기 효능감"과 "희소성"을 안겨주고 있을까? 한국교회와 신천지 모두 공유하고 있는 것이 있다. "이해를 추구하는 신앙"이 아닌 비이성적이고 비상식적인 "신앙 지상주의" 그리고 세상의 인정을 받지 못하고 자기 집단에 밀폐되어 자기만족에 빠져 있는 "예배 지상주의"다. 하지만 양자의 차이점이 있는데 그것은 한국교회는 헬조선에서 불안해하는 청년들에게 자기 효능감과 소속감을 주지 못한다는 점이다. 종교 소비주의에 빠진 한국교회는 희소성을 제시해주지도 못한다. 급진적인 제자도가 없고 대가 지불이 필요 없기 때문이다. 이것을 극복하지 못하면 기독교는 희망이 없다.

공공성의 차원에서 본 문제점을 살펴보는 것이 도움이 될 것 같다. 문학평론가 신형철은 이렇게 가짜 미래의 유혹이 이 나라의 일부 청년들을 사로잡았다는 것은, 거꾸로 말하면 우리 사회가 그 청년들에게 그들이 합리적으로 상상하고 추구할 수 있는 미래의 가능성들을 제공하는 데 실패했다는 뜻이라고 말한다. 그는 문화인류학자 백영경의 강연 내용을 소개한다. "사회적 위기의 효과 중 하나는 그 위기를 통해 '언제나 이미' 위기 중에 있던 사람들의 존재가 비로소 드러난다는 데 있다." 우리 공동체의 어떤 이들은 이미 "미래 없음"이라는 재난을 살아왔다. 현재의 재난은 그들이 살고 있는 "미래 없음"이라는 재난 가운데 발생하는 여러 재난 중 하나일 뿐이다. 현재의 재난은 우리가 이미 그 안에 살고 있었던 어떤 재난을 드러내는 역할을 한다. 그것이 무엇일까?

김찬호 교수는 이렇게 말한다. "재해는 사회의 민낯을 드러낸다. 사회적 신뢰의 수준이 확인되고, 공동체와 여러 조직의 저력이 적나라하게 비교되고 있다.…재해는 삶의 진실을 일깨워준다. 그토록 맹렬하게 추구해온 경제 성장이지만 생명의 안위보다 앞세우지는 못하는 것을 목격하면서 세상사의 마땅한 우선순위를 다시 확인하게 된다.…그리고 평범한 일상사들이 얼마나 고마운지도 알아차린다. 우리가 누리는 편리함과 풍요로움은 얼마나 무너지기 쉬운가. 인간으로서 최소한의 청결과 품위를 갖추기 위해 얼마나 많은 노동과 시스템이 뒷받침되어야 하는가. 그동안 당연시되어온 삶의 전제 조건들을 검토하면서, 지속가능한 사회를 위해 공공 영역과 경제 구조 그리고 욕망을 리모델링해야 한다." 한마디로 재난은 공공선의 과제를 제시해준다는 말이다.

신천지는 재해를 통해 드러난 이 땅의 모순과 불의들 앞에서 피신처를 제공한다. 비록 "가짜" 피신처지만 말이다. 이 땅의 모순과 불의들 앞에 당당하게 직면하여 김찬호 교수 말대로 지속가능한 사회를 위해 공공 영역과 경제 구조 그리고 욕망을 리모델링하는 대안적 삶과 대안적 공동체를 제시하는 것이 아니라 단지 세상과 단절되어 영적 우월 의식과 특권 의식만을 향유하는 반사회 집단이라는 면에서 그것은 가짜 피난처다. 그렇다면 한국교회는 신천지로 피신하고 있는 젊은이들에게 대안적 삶과 대안적 사회에 대한 비전을 제시하고 있는가? 그렇게 세상을 변혁하는 하나님의 선교에 동참하는 사역들을 통해 교회가 공공선을 추구하는 공동체임을 보여주고 있는가? 앞서 말한 것처럼 공동체성이라는 차원에서 피난처가 되지도 못하고 공공성이라는 차원에서 대안적 삶과 대안적 공동체가 되지도 못하고 있지는 않은가?

초기 교회가 부흥한 이유

전염병과 기독교의 관계를 논할 때 가장 많이 인용되는 책 중 하나가 로드니 스타크(Rodney Stark)가 쓴 『기독교의 발흥』(좋은씨앗, 2016)이다. 부제가 이렇다. "사회과학자의 시선으로 탐색한 초기 기독교 성장의 요인." 참 색다르다. 초기 기독교가 어떤 요인으로 인해 성장했는가를 사회과학자의 시각으로 바라보았기 때문에 모두 맞는 이야기라고 볼 수는 없지만 색다른 통찰력을 우리에게 던져준다. 그는 한 장에서 기독교가 성장한 중요한 요인 중 하나가 전염병 때문이라고 말한다. 많은 사회학자가 로마의 위기는 대역병으로 인한 인구 감소 때문에 발생했다고 본다. 이때 기독교가 발군의 역량을 보여줌으로써 급성장하게 된다. 어떤 특징 때문에 그럴까? 첫째는 참사에 대한 만족스러운 해명 때문이다. 대역병은 이방 종교와 그리스 철학이 설명하고 위로할 수 있는 범위를 훌쩍 뛰어넘는 것이었던 반면 기독교는 재앙에 대한 신앙적이고 역사적인 해답을 제시해주었다. 또한 갑작스럽고 예기치 못한 죽음 앞에서 인생의 의미를 부여해주었다. 천국의 존재를 제시하고 죽음을 두려워하지 않는 영성을 보여줌으로써 절망에 사로잡혀 있는 로마 제국 시민들에게 희망을 붙잡을 수 있게 했다.

둘째는 높은 생존율이다. 인구의 1/3 혹은 2/3가 죽어 나가는데도 그리스도인들의 사망률은 현저히 낮았다. 그런 모습 자체가 로마인들에게는 기적처럼 보였다. 이처럼 눈에 보이는 신적 역사가 개종을 불러일으켰다. 이렇게 사망률이 낮았던 이유는 종교적 특색 때문에 다른 종교인들보다 청결했을 뿐 아니라 무엇보다 서로 사랑하는 공동체의 모습 때문이었다. 모든 통상적인 서비스가 중단되었을 때 기초적인 간호만으로도 사망률을 낮출 수 있는데 기독교 공동체는 환자들에게 물과 음식을 제공하고 서로 돌보는 사랑의 공동체였기 때문에 사망률이 낮았다고 한다. 더군다나 이방 종교인과 로마 시민들은 전염병이 발생하면 그곳으로부터 달아나려고만 하는데 그리스도인들은 세상 사람들에게 "황금률"을 적용하고 개인의 이해득실에 근거한 거래 관계 이상의 모습을 보여주었다. 그들은 매일의 삶에서 사랑과 구제를 통해 세상 사람들을 섬겼다. 그들이 볼 때 기독교는 기존에 있는 종교와 완전히 다른 종교이자 새로운 종교이며 감동을 자아내는 종교였다. 한마디로 대조 사회요 대안 공동체였다.

셋째는 새로운 사회적 네트워크를 제공했다. 로드니 스타크는 이 책에서 개종이라는 것이 "이데올로기의 탁월성", 즉 교리적 흡입력 때문에 일어나는 것이 아니라고 분석한다. 개종은 먼저 긴밀한 친교의 끈이 형성되어야 일어난다. 교리적 흡입력은 주로 개종 이후에 발생하는 현상이다. 개종은 사람들이 비구성원보다 해당 집단의 구성원과 더 강한 애착 관계를 형성했을 때 일어난다는 것이다. 기독교가 바로 그것을 제공했다. 대역병으로 말미암아 인구가 줄고 기존의 사회적 네트워크가 해체될 때 기독교는 희생적 사랑을 통해 새로운 애착 관계를 제공하며 사회적 네트워크의 전환이 이루어지도록 했다는 것이다. 로드니는 이 세 가지 요인으로 인해 기독교가 성장하지 않을 수 없었다고 말한다.

공동체성 차원에서 볼 때 기독교는 세상의 모습과 다른 대조 사회의 모습을 보여주었다. 그들은 헬라인이나 유대인이나 남자나 여자나 종이나 자유자를 막론하고 하나가 되어 매일 집에서 떡을 떼며 기쁨과 순전한 마음으로 음식을 먹는 "밥상 공동체"를 이루었다. 새로운 정체성과 소속감 그리고 희소성을 주었다. 더군다나 이 세상과 다른 대안 공동체의 모습을 보여주었다. 믿는 사람이 다 함께 있어 모든 물건을 서로 통용하고 또 재산과 소유를 팔아 각 사람의 필요를 따라 나눠주는 공동체의 모습을 보여주었다. 이 세상의 질서와 가치와는 완전히 다른 공동체의 모습을 통해 새로운 애착 관계를 형성했다. 이는 하나님 나라의 가치와 질서를 실현하는 새로운 공동체였다.

공공성의 차원에서 볼 때 그들은 사도들로 말미암아 기사와 표적이 많이 나타나 사람들이 보고 두려워할 만한 모습을 보여주었다. 초기 교회가 대역병 중에도 높은 생존율을 보여준 것처럼 말이다. 또한 온 백성에게 칭송을 받았다. 기독교는 신천지처럼 세상과 분리된 공동체가 되어서는 안 되고 비상식적인 집단이 되어서도 안 된다. 대역병 시절 초기 교회가 세상을 섬김으로 공공성을 실천했듯이 지금은 다중 모임을 자제하고 예배를 온라인으로 드림으로써 공공성을 실천해야 한다. 하지만 단지 수동적으로 주일 공예배를 멈추는 것만으로는 온 백성이 칭송할 수 없다. 기독교는 초기 교회처럼 사랑의 공동체를 세상에 보여주어야 한다. 세상을 섬기는 "타자를 위한 교회"의 모습을 보여주어야 한다. 세상의 윤리 수준을 압도하는 사랑의 섬김을 통해 공공성을 실천하는 모습을 보여주어야 한다. 그렇게 하지 못하면 그 많은 젊은이들이 그랬던 것처럼 신천지라는 가짜에 현혹되는 현상을 막지 못할 것이다.

이 폐허를 응시하라

"맨스플레인"(mansplain, 남자와 설명하다라는 단어가 결합한 용어로 남자가 여자에게 의기양양하게 설명하는 것을 말한다)이라는 신조어로 유명한 리베카 솔닛(Rebecca Solnit)이 쓴 『이 폐허를 응시하라』(펜타그램, 2012)라는 책이 있다. 책의 부제가 "대재난 속에서 피어나는 혁명적 공동체에 대한 정치사회적 탐사"다. 솔닛은 이 책에서 샌프란시스코 대지진, 핼리팩스 대폭발, 멕시코시티 대지진, 9/11 테러, 뉴올리언스 카트리나 태풍 등 굵직한 대참사를 연구한다. 우리는 대재난 영화를 보면서 우리 안에 심긴 이미지를 통해 아마 이런 대참사가 일어나면 그 도시는 살인과 방화, 약탈과 폭력이 난무할 거라고 예상한다. 하지만 실상은 이와 다르다. 이러한 일이 일어나면 인간에 대한 부정적인 시각을 가진 사람과 권력을 쥐고 있는 사람들 그리고 기득권자들은 어쩔 줄 몰라

"엘리트 패닉" 상태에 빠진다고 한다. 그들에게 현재 상태는 항상 최상의 상태였는데 이런 대재난이 발생하면 모든 것이 뒤죽박죽되고 기성 질서가 제공하는 해답이 무용지물이 되므로 그런 혼돈의 상황 앞에서 그들은 극한의 공포와 무기력에 빠져버리게 된다. 그렇기에 그들은 이런 재난으로 일어난 일부 무정부적인 상태를 극대화하여 사람들에게 공포심을 조장하고 서로 격리시키려 하며 질서를 회복한다는 미명 아래에 군대나 경찰력 등의 강력한 수단을 써서라도 상황을 통제하려 한다. 하지만 도리어 이들의 행위가 자생적으로 일어나는 재난 회복 활동을 어렵게 하고 상황을 더 꼬이게 만들며 "재난 이후의 재난"을 발생시킨다고 한다.

정말 황홀했던 내용이 뭐냐면 우리의 예상과 달리 대재난이 일어나면 재난 속에서 혁명적 공동체가 출현한다는 사실이다. 일부 혼란과 약탈이 일어나기도 하지만 그건 말 그대로 일부이고 도리어 많은 경우 이성을 잃지 않고 도리어 침착함과 기쁨을 유지하며, 과거와 미래가 아닌 오직 현재에 집중하고, "외상 후 스트레스 장애"에 빠져들지 않고 "외상 후 성장"을 통해 의미 있는 삶을 추구하며, 자신들이 자신보다 훨씬 큰 세계와 연결되어 있다는 의식을 회복하면서 상호 부조와 이타적인 행동을 통해 새로운 시민 사회를 만들어가고 기존 체제와 다른 새로운 사회, 즉 경쟁하며 서로를 짓밟는 약육강식의 사회가 아닌 애정과 연대를 통한 "사랑의 공동체"를 만들어내는 일이 일어난다고 한다. "재난 유토피아"가 건설된다는 것이다.

이 책에서 가장 가슴에 와닿았던 문구는 이것이다. "종교란 피해와 상실 없이 재난의 열매를 얻도록 고안된 방식 가운데 하나다." 다른 말로 말하면 교회는 재난 속에 피어난 혁명적인 공동체를 재난이 아닌 상황에서 만들어내는 역할을 해야 한다는 것이다. 진정한 재난인 십자가 사건을 경험한 그리스도인들에게는 이것이 가능할 줄로 믿는다. 우리는 이런 질문을 던져야 한다. "과연 이 재난 속에서 한국교회, 그리고 우리는 어떻게 이런 혁명적인 공동체와 재난 유토피아를 만들어내는 데 일조할 수 있을 것인가?" 이것이 가장 중요한 질문인 것 같다.

○— **2장** —○

코로나19 사태가 주는 도전은 무엇인가?

빨강, 정의-공생하는 사회

코로나19는 우리의 거의 모든 걸 멈추게 만들었다. "뉴 노멀"(New Normal, 새로운 표준)의 상황이 벌어지고 있다. 기독교 내에서는 예배당에서 주일 공예배를 드리지 않고 온라인 예배로 전환하면서 주일성수 문제와 주일 공예배 문제 혹은 온라인 성찬식 등이 핫 이슈가 되었다. 가만히 생각해보면 주일성수란 화두는 우리에게 매우 중요한 문제를 제기하고 있다. 안식일은 하나님에 의한 "강제 멈춤"인데 지금 우리는 코로나19에 의한 "강제 멈춤" 상태에 놓여 있으니까 말이다. 따라서 종교적 차원이나 예배 형식의 차원을 넘어 하나님께서 제정하신 "안식일"의 본질을 고민해보면 지금 코로나19로 인한 "강제 멈춤"의 의미가 무엇인지 새로운 측면을 엿볼 수 있을 것 같다. 이럴 때 하나님께서 안식일이라는 "강제 멈춤"을 왜 제도화하셨는지를 살펴봄으로써 지금 이 사태의 의미를 되돌아보고 우리의 삶과 사회를 조율하는 시간을 가져보고자 한다.

안식일은 저항이다

월터 브루그만(Walter Brueggemann)이 쓴 『안식일은 저항이다』(복있는사람, 2015)에는 앞선 질문에 대한 대답 중 하나가 나온다. 그에 의하면 율법은 이스라엘 백성들이 탈출한 이집트에 대한 대안 공동체를 어떻게 이룰 것인가에 대한 답으로 주어졌다. 율법을 열 가지로 정리하면 십계명이고 그중 대안 공동체의 핵심은 안식일을 지키라는 제4계명이다.

유일신론을 주장하기 위한 계명처럼 보이는 첫 번째 계명은 이렇게 시작한다. "나는 너를 애굽 땅, 종 되었던 집에서 인도하여 낸 네 하나님 여호와니라"(출 20:2; 신 5:6). 안식일을 지키라는 제4계명의 맥락에서 제1계명을 이해한 것이다. 나는 너를 이집트에서 인도해낸 하나님이니 다른 신을 섬기지 말라고 한 것이다. 다른 신과 야웨 하나님은 어떤 차이가 있을까? 제4계명의 맥락에서 보면 다른 신들은 사람들을 쉬지 못하게 하는 존재들이다. 이집트는 이스라엘 백성들이 쉬지 못하고 일하게 하고, 더 과중한 짐을 지게 만들며, 서로 경쟁하는 일을 부추기고, 만족하지 못하게 만들며, 끊임없이 욕망을 추구하는 체제를 구축했다. 그런 이집트가 믿는 신들은 풍요와 성공을 약속하며 현실의 부조리를 은폐하면서 쉬지 못하게 만드는 신들이다. 하지만 야웨 하나님은 그 자신이 쉬는 신이시며 백성들을 쉬게 하는 하나님이시다. 다른 신들은 문명을 풍요롭게 하고 많은 생산물을 만들어내게 하는 신이지만 야웨 하나님은 관계를 회복하고 풍요롭게 하기 위해 안식일을 제정한 신이시다.

　제10계명 역시 안식일을 지키라는 제4계명의 맥락에서 바로 이해할 수 있다. 이집트의 체제는 우리에게 불안감을 안기고, 우리에게 모진 노동을 강요하며, 서로 경쟁하고 배제하게 만든다. 이 모든 것을 가능하게 만드는 근원적인 힘은 "탐욕"이다. 탐욕이 소유를 추구하도록 이끌고 경쟁심을 유발하며 남의 것을 빼앗고 이웃을 적으로 만든다. 이런 탐욕의 체제는 이웃의 소유를 무너뜨린다. 그것은 과부와 고아와 종과 나그네를 억압하는 체제이며 소유를 빼앗긴 가난한 자들을 양산하는 시스템이다. 그래서 십계명의 마지막 계명은 탐욕을 근절하라고 말한다. 근원적인 해결책을 내놓은 것이다. 야웨 하나님은 탐욕을 근절하고 공동선을 성취하라고 말씀하신다.

　어떻게 탐욕을 근절할 수 있을까? 바로 제4계명의 실천을 통해서다. 하나님은 인간을 쉬지 못하도록 만드는 체제에 대한 대안으로 안식일을 제정하셨다. 곧 사람을 쉬지 못하도록 만드는 체제의 동력인 탐심을 근절하기 위해 안식일을 제정하셨다. 따라서 안식일은 탐욕을 원천적으로 봉쇄하고 지나친 노동 강도를 원천적으로 차단하며 노동 착취를 근절하는 사회적인 제도다. 신명기는 안식일을 지켜야 하는 이유를 말하면서도 출애굽기와 다른 이유를 말한다. 출애굽기는 창조와 안식일을 연결하지만 신명기는 이집트 생활과 안식일을 연결한다. 즉 출애굽과 안식일을 연결한다. 신명기는 이집트에서 종으로 있었던 것을 기억하라고 재차 강조한다. "너희가 종이었기 때문에 안식하지 못했던 경험이 있지 않느냐? 못 살겠다고 내게 탄원하지 않았느냐? 그러니 너희는 역지사지의 정신으로 반드시 안식일을 지켜라." 이런 말이다. 주인만 쉬는 것이 아니다. 자녀들도 쉬고 종들과 나그네들도 쉰다. 심지어 가축들도 쉰다. 즉 모든 생산 수단과 생산 요소를 쉬도록 해야 한다는 급진적 주장을 펼치고 있다. 그런 의미에서 안식일의 예배는 이집트의 신들이 제공하는 주류의 정체성을 거부하는 "대항 정체성"을 행동으로 옮기는 가장 중요한 행위다.

　　이런 본질적인 문제를 외면하면서 종교적 수행의 차원에서 주일 성수 문제를 논하거나 공예배로 한자리에 모여야 하느냐 마느냐 혹은 온라인 예배를 드리는 것이 합당하냐 아니냐를 가지고 갑론을박 하는 것은 매우 소모적인 일이다. 오히려 주일성수나 공예배를 드리는 것이 이런 본질을 회복하도록 만들고 있느냐를 물어야 한다. 사람을 위한 안식일이냐를 물어야 한다. 주님도 말씀하셨다. 안식일이 사람을 위해서 있는 것이지 사람이 안식일을 위해 있는 것이 아니라고. 우리가 이렇게 주일 공예배를 온라인 예배로 전환해 드리는 것도 바로 이 정신, 사람을 위한 안식일이 되도록 하는 정신과 연속선상에 있다.

코로나19가 우리에게 던지는 도전

코로나19가 우리에게 던지는 도전은 무엇일까? 먼저 세계적인 석학의 글로 시작하면 좋을 것 같다. 『호모 사피엔스』(김영사, 2015)로 유명한 유발 하라리(Yuval Harari)가 팬데믹 상황에서 "코로나 바이러스 이후의 세계"라는 글을 썼다. 그는 지금이 우리 세대가 겪고 있는 가장 큰 위기일지도 모른다며 지금부터 정부와 개인들이 내리는 선택에 따라 앞으로의 세계가 결정될 수 있다고 말한다. 우리는 지금과 같은 위기 상황에서 두 가지 힘들고 중요한 선택을 해야 한다.

첫째는 전체주의적인 감시 체제와 시민적 역량 강화 사이에서의 선택이다. 전염병 확산을 막기 위해 사람들을 감시하고 규정을 어기는 자들을 처벌하는 나라들이 있다. 이미 여러 정부들이 코로나19에 맞서기 위해 이미 새로운 감시 도구들을 동원했다. 물론 가장 돋보이는 것은 중국이다. 유발 하라리는 재난을 극복하고 나서는 감시 기술이 "일상화"될 것이며, 감시 기술 자체가 "근접 감시"(over the skin)에서 "밀착 감시"(under the skin)로 전환될 수도 있다고 경고한다. 하지만 우리는 코로나 바이러스를 막고 우리의 건강을 지키기 위해 전체주의적 감시 체제를 동원하지 않아도 된다. 이는 시민적 역량 강화(empowering citizens)를 통해서도 가능하다. 정부가 사람들에게 과학적 사실을 제공하고, 사람들은 정부가 진실을 말하고 있음을 믿을 때, 시민들은 빅브라더(Big Brother)의 감시 없이도 올바른 일을 할 수 있다. 스스로의 이익을 알고 정보를 잘 알고 있는 시민들은 보통 감시받는 무지한 대중보다 강력하고 효율적이다. 유발 하라리는 코로나19 확산을 막는 데 가장 성공적이었던 사례 중 제일 먼저 한국을 예로 들고 있다. 한국이야말로 시민들의 역량 강화를 통해 방역에 성공한 모범적인 사례라는 것이다.

두 번째 중요한 선택은 민족주의적 고립과 글로벌 연대 사이의 선택이다. 코로나19 팬데믹은 국가들 간의 국경을 차단하게 만들었다. 서론에서도 말했지만 코로나19 이후의 세계에 대한 예측 중 첫 번째가 "탈세계화"였다. 유발 하라리도 이러한 현상을 목격하면서 우리가 후자를 선택해야 한다고 말한다. 전염병과 이로 인해 파생되는 경제 위기는 모두 글로벌 위기다. 이는 오직 글로벌한 협조를 통해서만 해결할 수 있다. 먼저 글로벌 차원에서 정보를 공유하고 의료 물자도 글로벌 차원에서 생산하며 배분할 수 있는 노력이 우리에게 필요하다. 같은 맥락에서 의료 인력을 글로벌 차원에서 확보하는(pulling) 것을 검토할 수 있다.

하지만 나는 이 두 가지보다 더 중요한 것이 있다고 생각한다. 안식일의 저항 정신을 실현하는 것이다. 그것은 약육강식의 세계에서 각자도생의 삶을 사는 세상에 대한 비전 대 생명과 평화의 세계에서 서로 돕는 삶을 사는 세상에 대한 비전 사이의 선택이다. 개별 국가들이 코로나19 팬데믹을 극복하기 위해 내놓은 해법들을 보면서 느낀 점은 이제 우리는 약육강식의 세계에서 각자도생의 삶을 사는 세상이 아니라 생명과 평화의 세계에서 서로 돕는 삶을 사는 세상에 대해 꿈꾸어야 한다는 것이다. 안식일의 정신을 실현하는 기회로 삼아야 한다. 이집트의 신들이 지배하는 세상을 안식일을 제정하신 하나님의 통치가 회복되는 세상으로 변화시켜야 한다.

전 세계가 팬데믹 아래에서 비상한 시도를 하고 있다. 앞서 말한 것처럼 제2의 대공황이 발생할지도 모르는 상황이다. 수많은 기업이 도산의 위기에 빠질 것이다. 특히 중소기업과 소상공인이 큰 어려움에 처할 것이다. 정부는 중소기업과 소상공인을 지원할 대책을 빨리 마련해야 한다. 기업들이 코로나19 상황에서 창조적인 변화를 만들어 내도록 아낌없는 지원책을 마련해야 한다. 신자유주의가 팽배해 있는 영국조차도 자영업자의 소득을 정부가 80%까지 보존해주는 정책을 펼치고 있다. 우리 교회에서 운영하는 사회적 협동조합(맑은 샘 카페)도 화성시의 소상공인 지원 대책으로 100만 원씩 두 달간 지원을 받았기에 잘 유지할 수 있었다. 또한 미국에서도 논의되고 있는 "고용보장제"를 실시할 필요가 있다. "고용보장제"는 GDP의 3% 정도를 실업이 일어나지 않도록 정부가 임금을 대신 지불해서 고용을 보장해주는 제도다. 우리 교회가 운영하는 사회적 협동조합도 고용노동부 화성고용센터를 통해 바리스타의 한 달 치 월급을 지원받았다. 이와 같은 대책들이 코로나19 팬데믹 상황에서 교회 카페가 버틸 수 있는 든든한 힘이었다. 하지만 이전에는 시도하지 않았던 새로운 시도도 해야 한다. 특이한 것은 코로나19 팬데믹이 세계 각국으로 하여금 이러한 시도를 하도록 만들었다는 점이다. 각국이 세계적인 전염병 재난이 아니라면 절대로 하지 않을 일들을 시도하고 있다. 미국만 해도 그렇다. 트럼프 대통령은 3월 17일에 국민 1인당 1,000달러를 4월 중에 현금으로 지급하는 경기 부양책을 발표했다. 1인당 120만 원에 해당하는 돈이다. 미국은 약 1,500조의 공적 자금을 풀 거라고 한다. 한국 정부의 1년 예산이 약 500조니까 거의 3배에 해당하는 돈을 4월에 푼다고 밝힌 셈이다. 일명 "재난기본소득"으로 불리는 정책이다. 물론 일시적인 정책이기 때문에 "기본소득"이 법적으로 정착되는 것은 아니지만 그래도 기본소득의 제도화로 가는 발판이 되지 않을까 하는 기대의 목소리가 많이 나오고 있다.

한국도 재난기본소득이라는 명목으로 현금을 지급했다. 화성에 살고 있는 나는 지방 정부에서 주는 재난기본소득과 정부에서 주는 재난지원금을 모두 받았다. 이 글을 쓰고 있는 와중에 2차 지급까지 논의되고 있다. 나는 이 문제를 논할 때 재난기본소득을 복지 정책이 아니라 경제 정책으로 이해하는 것이 중요하다고 생각한다. 자본주의는 기본적으로 수요와 공급의 균형 및 화폐 순환으로 이루어지는데 그것이 원활하게 이루어지도록 정부가 조정자 역할을 한다. 공급이 부족하면 공급을 지원하고 수요가 부족하면 수요를 지원한다. 현 코로나19 사태는 심각한 수요 부족을 가져왔다. 공급 역량은 충분히 커진 상태인데 수요가 부족하다. 이 불균형 때문에 구조적인 경기 침체가 발생했기 때문에 정부의 재정 지출을 수요를 촉진하는 데 사용하면 수요와 공급이 균형을 이뤄서 선순환하게 된다. 재난기본소득은 국민들이 불쌍해서 돕는 것이 아니라 수요와 공급의 법칙에 맞게 효율적으로 경제의 선순환을 만들어내는 경제 정책인 것이다.

경기도에서 지역 화폐로 재난기본소득을 준 것은 매우 유의미하다. 특정 기간이 지나면 휘발되는 현금이 아닌 지역 화폐로 지급되었기 때문에 저축을 할 수도 없고 다른 용도로 사용할 수도 없다. 지역 화폐는 수요가 지역 내에서만 이루어지기 때문에 지역 내 화폐 순환을 촉진시킨다. 대형 유통 업체에는 사용하지 못하도록 한 것도 잘 한 것이라고 생각한다. 우리 경제가 갖고 있는 근본적인 문제 중 하나인 유통의 집중 문제를 완화할 수 있기 때문이다. 현재 경기 침체가 온 것은 공급 부족이 아니라 수요 부족인데 부족을 유발하는 원인 중 하나가 너무 한쪽으로 돈이 쏠린다는 점이다. 지역 화폐는 이를 완화하고 영세 업체와 소상공인을 통해 화폐가 순환되도록 만든다. 자영업자 비율이 미국은 7%, OECD는 평균 15%인데 비해 한국은 25%라는 높은 비율이기 때문에 큰 효과가 있을 것이다. 재원 때문에 재난기본소득을 더 이상 추진할 수 없다는 것도 엄살이다. 선진국들은 국민 총생산의 10% 정도를 지출하고 있다. 한국의 국채 발행은 GDP의 약 40% 정도인 반면 OECD는 평균 110%다. 미국은 이보다 높고 일본은 220%다. 미국이 지급한 재난지원금이 1인당 120만 원이고 일본도 1인당 130만 원 정도 지급했는데 한국은 겨우 27만 원이다. 나는 경제 정책 차원에서 다시 재난기본소득을 지급하는 일은 매우 중요하다고 생각한다.

나는 이후로 "기본소득"에 대한 논의를 전면화시켜야 한다고 생각한다. 특히 "나중에 온 이 사람에게도 동일한 품삯을 주라"(참조. 마 20:14)는 포도원 주인의 말을 구원을 이해하는 가장 중요한 구절로 받아들이고 있는 기독교는 이를 더욱 공론화시킬 필요가 있다고 생각한다. 노동에 대한 보상을 넘어서는 은혜의 원리를 공동체의 기본 원리로 받아들이는 교회는 "나중에 온 이 사람에게도 동일한 품삯을 주라"는 말씀을 실현할 수 있는 가장 강력한 방법인 "기본소득"을 지지해야 한다. 또한 교회는 복음을 실체적으로 보여주어야 할 사명이 있기에 기본소득의 정신을 어떻게 교회 공동체의 모습으로 구현할지에 대해 고민해야 한다. 교회는 다양한 상징적 행위와 실제적인 프로그램 그리고 무엇보다 초기 교회가 견지한 유무상통의 현대적 적용을 통해 기독교의 정체성을 드러내야 한다. 마이크로크래딧(microcredit, 무담보 소액대출)을 교회에 적용해 희년 기금을 만들거나 희년 학교를 통해 공평과 정의를 배울 수 있도록 해야 한다. 사회적 경제를 실천하기 위해 마을 기업을 만들 수도 있고 코하우징을 통해 공동체 생활을 하거나 특별하게 헌신된 공동체를 통해 유무상통을 실험해볼 수도 있다. 그런 의미에서 서울에 있는 어느 작은 상가 교회가 "생활 지원금" 명목으로 전 교인에게 5만 원씩 기본소득을 나누어 주었다고 하는데 실제적인 도움은 크게 되지 않았겠지만 그럼에도 매우 상징적인 행위라고 생각한다. 교회의 정체성이 무엇인지를 보여주는 상징적인 행위 말이다.

10년 전만해도 "기본소득"은 생소한 단어였다. 나도 15년 전에 처음 기본소득에 대해 들었다. 강원돈의 『지구화 시대의 사회윤리』(한울아카데미, 2005년)를 읽다가 기본소득에 대한 부분을 읽었을 때 그것이 너무나 비현실적인 대안처럼 여겨졌다. 서구의 복지 국가 수준에도 이르지 못한 한국에서 기본소득을 제도화할 수 있을까? 아니 과연 세계 어느 나라가 이걸 실험한다는 말인가? 그런 생각이 들었다. 그런데 지금은 너도나도 "기본소득"을 이야기하고 있다. 스위스에서는 기본소득 도입을 위한 국민 투표를 실시했고 핀란드는 기본소득을 지난 2년간 실험하고 최근 보고서까지 냈다. 10년 전쯤 "기본소득"을 제대로 공부하고 싶어 책을 구입하려 했을 때만 해도 거의 유일한 책이

『분배의 재구성』(나눔의 집, 2010)이었다. 부제가 "기본소득과 사회적 지분 급여"다. 허나 요즘 "기본소득"을 검색해보면 수많은 책이 시중에 나와 있다. 그것도 최근 발간한 도서들이 대부분이다. 기본소득에 대한 논의가 전면화되어야 한다고 설교할 때만 해도 총선 전이었는데 총선 이후에는 심지어 미래통합당의 비상대책위원장까지 이를 주장하고 있다. 왜 이렇게 "기본소득"이 화두가 되고 있을까? 그것은 기본소득이 점점 더 심각해져 가고 있는 경제적 불평등에 대한 가장 확실하고 손쉬운 대안이기 때문이다.

경제적 불평등이 최고점을 찍다

오바마 전 대통령의 당선에 큰 역할을 하기도 했고, 1996년부터 2010년까지 220만 명에 달하는 미국 최대 규모의 서비스노동조합(SEIU, Service Employees International Union)의 조합장으로 일했던 앤디 스턴(Andy Stern)이 쓴 『노동의 미래와 기본소득』(갈마바람, 2019)에 의하면 현대 자본주의의 가장 중요한 특징은 크게 두 가지다. 하나는 "성장과 소득의 대분리"다. 기계화와 세계화 그리고 노동 유연성 증가로 인해 고용 없는 성장과 임금 없는 성장이 일상화되었다. 계층 간 격차가 늘었고, 직업에 따른 소득 격차가 커졌으며, 실업률이 가파르게 상승했고, 저임금 시대가 도래했다. 다른 하나는 "직업(정규직 고용)과 노동자의 대분리" 혹은 "고용주와 노동자의 대분리"다. 비정규직 노동자의 비율이 엄청나게 커졌다. 과거 누구나 부러워했던 프리랜서란 실상 노동으로부터 자유로운 노동자가 아니라 정규직 고용이 불가능한 노동일 뿐이다. 프리랜서란 결코 저임금 노동에서 "프리"하지 못하고 도리어 수많은 하청업체들에 "구속"되어 있다. 프리랜서란 돈을 좀 덜 벌더라도 여유를 찾기 위해 선택한 직업이 아니라 돈을 더 벌 수 없어서 어쩔 수 없이 선택한 직업이 되어버리고 말았다. 현대 자본주의는 고용주와 노동자 사이의 고용 관계도 없앴다. 고용주들은 일자리를 잘게 나누어 남에게 맡겼다. 노동의 외주화로 말미암아 이제는 아무도 노동자에 대해 책임지지 않는다. 노동자를 일인 기업가로 여겨야 한다는 미사여구는 고용 관계의 해체에 대한 은폐 및 치장일 뿐이다. 더군다나 초지능, 초연결, 초융합의 특징을 갖는 4차 산업 혁명 시대 그리고 동물과 식물, 생물과 비생물, 인간과 비인간의 경계를 넘어서는 포스트-휴먼 시대를 맞이하면서 지금도 수많은 일자리가 사라지고 있고 앞으로 더 많은 일자리가 사라질 것이라고 예측된다. 이로 말미암은 경제적 불평등은 상상을 초월하고 있다.

1910년부터 2010년까지의 미국 총소득 중 상위 10% 부자들이 점유한 비율을 보여주는 곡선을 보면 소득 불평등의 정도를 이해할 수 있다. 1928년 대공황 직전에 50%대 정점을 찍고 나서 하강하기 시작한 곡선은 양차 세계대전을 치른 후 1970년대까지 30%를 유지한다. 양차 세계대전이 소득 불평등은 줄이고 소득 형평성을 안정적으로 만든 것이다. 그러다가 1980년이 되면서 소득 불평등이 상승하기 시작하면서 최근에는 대공황 직전처럼 50%를 돌파하고 있다. 왜 이렇게 소득 불평등이 점점 더 심각해지는 것일까?

토마 피케티(Thomas Piketty)의 『21세기 자본』(글항아리, 2014)이 이 현상을 잘 설명해준다. 자그마치 800쪽이 넘는 책이 큰 반향을 불러일으킨 이유는 이 책이 2008년 경제 위기 이후 수백만 명의 미국인들에게 닥친 현상, 즉 경기 침체에도 불구하고 상위 1%의 부유층과 99%의 보통 사람들 사이에 소득 격차가 심화되는 현상을 철저한 자료 분석을 통해 분석하고 있기 때문이다. 『21세기 자본』에서 가장 중요한 공식은 "r 〉 g"이다. r은 자본의 수익률을 의미하며 g는 경제 성장률이다. 소득은 두 가지 종류가 있는데 "자본에 의해 형성되는 소득"과 "노동에 의한 소득"이다. r 〉 g란 자본을 통한 소득 상승률이 임금을 통한 소득 상승률보다 크다는 의미다.

정치인들마다 자신이 높은 경제 성장을 이룰 수 있다는 그럴듯한 공약을 내걸지만 그것은 유권자들을 현혹하는 환상에 불과하다. 세계적 차원에서 보면 지난 300년간 평균 성장률은 1.6%였다. 1913-1950년조차도 평균 1.5%였던 GDP 성장률이 1950-1990년에만 4%를 넘었고 그 이후로는 가파르게 내려가고 있다. 지금은 2%이하로 떨어졌으며 유럽, 일본, 미국은 1-1.5%에 불과하다. 그런데 이들 국가에서 자본 이익의 평균 성장률은 4-5%에 달한다. 이러니 자본 소득을 거의 갖지 못하고 오직 노동 소득을 통해서만 생활하는 사람들과 높은 자본 소득을 얻는 부자들의 격차는 늘어날 수밖에 없다. 더군다나 자본/소득 비율은 지속적으로 상승하고 있다. 금융 자본주의가 강화되고 있는 현대 자본주의는 노동이 돈을 버는 것이 아니라 돈이 돈을 번다. 돈을 가진 자들이 부를 독식한다. 이것은 단지 한 나라 안의 격차만이 아니라 나라 간의 격차에서도 나타난다.

『21세기 자본』이 유명해진 이유 중 하나는 현대 자본주의가 세습 사회임을 보여주었기 때문이다. 자본의 세습 현상이란 엘리트 계층이 일을 해서 부를 획득하는 것이 아니라 상속을 통해 부를 획득하는 현상을 말한다. 특단의 조치를 취하지 않으면 인류의 미래는 부모로부터 부를 상속받은 사람들에 의해 좌우된다. 그렇기 때문에 토마 피케티는 전 세계적인 "부유세"를 시행하자고 제안한다. 사실 자본 소득에는 거의 세금이 부과되지 않는다. 주식, 채권, 부동산의 자산에 대한 세금은 매매되는 경우에 한해 부과될 뿐이다. 피케티는 세계적인 누진 자본 과세를 실시하지 않으면 경제적 불평등은 해결되지 않는다고 말한다.

기본소득·기본 자산·최고 임금

세계적인 차원에서 "부유세"를 시행하는 것은 쉽지 않다. 따라서 우선 한 나라 안에서라도 불평등을 줄이는 방안을 만들어 실시해야 한다. 한 나라 안에서 소득 격차를 해결하는 가장 쉽고 확실한 길이 "기본소득"이다. 기본소득은 한마디로 소득 및 자산 조사를 하거나 근로 여부를 따지지 않고 모든 구성원에게 정기적으로 일정액의 현금을 지급하는 제도다. 사실 미국 역사상 기본소득을 가장 먼저 주장한 사람은 건국의 아버지로 불리는 "토머스 페인"(Thomas Paine)이다. 그는 자연 상태의 토지는 인류의 공동 자산이고, 경작된 토지는 토지를 개선한 데 대한 가치일 뿐이기 때문에 땅에 대한 지대는 공동체에 배당해야 한다고 말했다. 실제로 기본소득은 알래스카에서 안전하게 시행되고 있다. 알래스카는 석유 회사들로부터 막대한 임대료를 받았는데 그 돈의 25%를 "알래스카 영구 기금"에 투자했고 여기서 발생하는 배당금을 주민 65만 명에게 지급한다. 이 제도 때문에 알래스카는 미국에서 가장 평등한 주로 손꼽힌다.

여기서 기본소득의 이점에 대해 논할 필요는 없을 것 같다. 기본소득에 대한 책을 한두 권만 읽어도 기본소득에 대한 기본 개념과 이점 및 재원 마련을 위한 대책에 대해 쉽게 이해할 수 있으니 독자들은 반드시 기본소득에 관한 책을 사서 읽기 바란다. 이번 코로나19 사태로 말미암아 "재난기본소득"을 받아보았기 때문에 훨씬 실감나게 읽을 수 있을 것이다. 내가 여기서 말하고 싶은 것은 "기본소득"만이 아니라 한 걸음 더 나아가 "기본 자산"에 대한 고민도 해야 한다는 것이다. 피케티도 『21세기 자본』의 후속작 『자본과 이데올로기』(문학동네, 2020)에서 정부가 불평등 해소를 위해 모든 젊은이에게 종잣돈을 주자는 도발적인 주장을 내놨다. 25세가 되는 모든 남녀에게 성인 1인당 평균 자산의 60%인 12만 유로(약 1억 6000만 원)를 지급하자고 했다. 한마디로 "기본 자산"을 주자는 주장이다. 기본 자산은 앞서 소개한 『분배의 재구성』에서 말하는 "사회적 지분 급여"다. 사회적 지분 급여 사회의 근본 원칙은 "한 사람", "한 번의 인생", "하나의 사회적 지분"이다. 매달 주는 기본소득은 단기적인 안목으로 인생을 살아가게 하므로 한계가 많지만 "기본 자산"은 장기적인 안목을 갖고 자신의 인생을 만들어갈 자유를 주기 때문에 더 뛰어나다고 주장한다.

내가 왜 "기본 자산"까지 논해야 한다고 말을 하냐면, 나는 이것이 구약의 땅 분배 신학을 현대 사회에서 구현하기 적합한 모델이라고 생각하기 때문이다. 이스라엘은 가나안을 차지하고 나서 땅을 공평하게 분배받는다. 이는 "네 하나님 여호와께서 네 조상 아브라함과 이삭과 야곱을 향하여 네게 주리라 맹세하신 땅으로 너를 들어가게 하시고 네가 건축하지 아니한 크고 아름다운 성읍을 얻게 하시며 네가 채우지 아니한 아름다운 물건이 가득한 집을 얻게 하시며 네가 파지 아니한 우물을 차지하게 하시며 네가 심지 아니한 포도원과 감람나무를 차지하게 하사 네게 배불리 먹게 하실 때에"(신 6:10-11)라는 말씀의 성취다. 이 땅이야말로 "기본 자산"이다. 하나님은 가나안 땅에 하나님 나라를 일구기 위한 "기본 자산"으로 땅을 이스라엘 백성에게 하사하셨다. 이 땅은 하나님의 하사품이었고 분배 후에도 땅의 소유는 하나님의 것이었기 때문에 누구도 그 땅을 빼앗을 수 없었다. 혹 여러 가지 사정으로 그 땅을 잃어도 희년이 되면 돌려받게 되도록 했다. 하나님은 희년 제도를 통해 50년 안에 "기본 자산"을 회복할 수 있도록 하셨다. 그렇다면 우리도 이제 현대판 "기본 자산"에 대해 논해야 할 때다.

말이 나온 김에 아주 중요한 이야기를 하나 더 하자. 현 정부가 들어서고 나서 "최저 임금"에 대한 논의가 많았다. 현 정부가 최저 시급을 대폭 인상하려 했기 때문이다. 최저 시급 인상은 소득 주도 성장의 일환으로 내세운 정책 중 하나다. 우여곡절 끝에 어느 정도에서 타협을 보았지만 아직도 최저 임금은 시한폭탄과 같다. 하지만 나는 "최저 임금"보다 "최고 임금"이 더 중요하다고 생각한다. 부자들은 자신들의 부를 빼앗아 가지 못하도록 "하향평준화"를 반대하고 "상향평준화"를 주장하면서도 정작 최저 임금을 높이려고 하면 반대를 한다. 부의 축적을 정당화하기 위해서 파이가 커져야 나눌 것이 많다고 주장하며 소위 말하는 "낙수 효과"를 주장한다. 하지만 현실은 낙수 효과와 거리가 멀다. 파이가 아무리 커져도 부자들이 그것을 나누지 않고 가난한 자들은 그것을 충분히 취할 능력이 없기 때문이다. 그렇기에 현대 사회의 양극화는 매우 심각한 상황이다. 심지어 코로나19 팬데믹 상황에서도 부자는 더 큰 부자가 되었고 가난한 자들은 더 가난해졌다. 앞서 말한 것처럼 지금은 대공황 직전만큼 소득 불평등이 높다. 이는 곧 대공황과 같은 사태가 언제 터질지 모르는 상황이라는 의미다. 이미 우리는 2008년 금융 위기를 통해 전초전을 치렀다.

이러한 경제적 불평등을 해결하는 가장 강력한 제도가 "최고 임금"이다. 성경에서도 지나치게 부하지도 말고 지나치게 가난하지도 말라고 했다. 그것을 제도화하는 것이 최고 임금이다. 원천적으로 최고 임금 이상의 소득을 인정하지 않거나 최고 임금 이상의 소득을 인정하되 그것에 100% 최고 과세를 적용하는 방법 등을 사용할 수 있다. 샘 피지개티(Sam Pizzigati)는 『최고임금』(루아크, 2018)에서 최고 임금에서 가장 중요한 것이 최저 임금과 최고 임금을 연동하는 것이라고 말한다. 최저 임금과 최고 임금의 비율을 정함으로써 상한선을 제한하는 법을 제정해 중산층을 확대하고 불평등 구조를 해소하도록 만든다. 어떤 사람들은 최저 임금과 최고 임금의 차이가 10배를 넘어가지 않도록 해야 한다고 말하지만 보통은 100배 정도를 주장한다. 중간 소득의 20배를 주장하는 학자도 있다. 사회적 경제의 대명사인 협동조합은 과거 최저 임금과 최고 임금의 차이가 3배 이상 나지 않도록 했다. 지금은 평균적으로 6배 정도를 인정하고 있으며 10배까지 인정하는 협동조합도 있다. 하지만 지금 미국의 최고 부자들과 최저 임금 직종에서 풀타임으로 일하는 미국 노동자들의 차이는 "2,100배" 정도 난다. 노동자들이 미국의 최고 부자들이 1년 만에 벌어들이는 금액의 돈을 모으려면 꼬박 2,000년을 일해야 하는 셈이다. 이런 불평등을 줄이려면 최저 임금과 최고 임금이 일정 비율로 연동되면 된다. 이렇게 최저 임금이 최고 임금과 연동되면 취약한 사회 계층을 착취하려는 동기가 줄어들 수밖에 없을 것이다. 사회 극빈층의 소득이 먼저 증가해야 부유층 자신의 소득도 증가시킬 수 있기 때문이다. 그동안 재분배 정책은 매우 불공평하게 "사전 분배"했던 소득을 나중에 "재분배"하는 것을 추구한다. 왜 이런 불평등을 사전에 처리하지 못할까? 나중에 소득을 재분배하지 말고 미리 공평하게 분배할 수 있지 않을까? 불평등을 일으키는 경제를 주어진 상태로 간주하고 평등한 세상을 위해서 재분배 정책을 펴지 말고 불평등을 덜 초래하는 경제를 만들기 위해 부의 "재분배"가 아니라 부의 "사전 분배"에 역점을 두어야 한다. 최고 임금제는 사전 분배를 통해 부의 불평등을 예방하는 정책이라고 할 수 있다.

작금의 사회 자체가 "재난 사회"라고 일컬어지고 있다. 우리는 태풍, 해일, 지진, 전염병 같은 자연 재해만이 아니라 2008년 금융 위기 같은 경제 재난이 일상화되고 있는 시대를 살아가고 있다. 그렇다면 우리는 코로나19라는 재난을 극복하기 위해 처방하고 있는 대안들이 재난 극복 후에도 일상에서 적용될 필요가 있음을 실감하게 된다. 우리는 코로나19로 인해 "강제 멈춤"의 시간을 살면서 진짜 중요한 것이 무엇인지 깨닫게 된다. 또한 어떤 가치를 추구하면서 살아야 하는지를 보게 된다. 이제는 새로운 상상력으로 새로운 가치를 실현할 수 있는 대안들을 선택하는 시대로 나아가야 한다. 나는 개인적으로 이것이 하나님 나라의 가치를 실현하는 예언자적 상상력이라고 믿는다. 예수님의 시험은 비로 이런 차원에 대한 문제 제기이기도 하다.

말씀으로 사는 삶

예수님은 공생애를 시작하기 전에 광야에서 세 가지 시험을 겪으신다. 여기서 세 가지 시험을 배, 가슴, 머리의 시험이라고 불러도 좋을 것 같다. 배는 의지, 가슴은 감정, 머리는 이성과 관련이 있다. 배는 믿음, 가슴은 사랑, 머리는 희망과 관련이 있다고도 할 수 있다. 배는 생존의 차원, 가슴은 관계의 차원, 머리는 가치의 차원과 관련이 있다.

그렇다면 첫 번째 시험은 배, 두 번째 시험은 가슴, 세 번째 시험은 머리와 관련이 있지 않을까? 첫 번째 시험은 배와 관련된 떡을 통해 생존의 문제를 보여주고 있고, 두 번째 시험은 가슴과 관련해서 기적을 통한 인정 투쟁의 문제를 보여주고 있으며, 세 번째 시험은 머리와 관련해서 영광을 통한 비전과 가치의 문제를 보여주고 있다.

이를 인간의 뇌 구조와 연관 지어도 좋은 통찰을 줄 것 같다. 인간의 뇌는 3층 구조를 가지고 있다. 첫 번째 부위인 1층은 뇌의 가장 밑바닥에 있는 후뇌로, 뇌간과 소뇌로 구성되어 있으며, 생명 유지에 필요한 기능을 담당하고 있다. 그래서 이를 "생명의 뇌" 또는 "파충류 뇌"라고 부른다. 생존의 차원에서 작동하는 뇌다. 두 번째 부위는 후뇌 바로 위에 있는 중뇌다. 감정 표현은 파충류에게는 발달하지 않은, 포유류만이 가진 고유의 행동이기 때문에 "감정의 뇌" 또는 "포유류 뇌"라고 부른다. 세 번째 부위는 대뇌 피질부가 있는 전뇌(forebrain) 부위다. 전뇌는 고도의 정신 기능과 창조력 기능을 관할하고 있는 인간만이 가진 뇌이기 때문에 "인간의 뇌" 또는 "이성의 뇌"라고 부른다. 뇌 구조 자체가 배, 가슴, 머리의 구조를 가지고 있음을 알 수 있다. 이것을 세 가지 시험과 대비해보면 첫 번째 시험은 1층 "생명의 뇌"와 관련되어 있고, 두 번째 시험은 2층 "감정의 뇌"와 관련이 있으며, 마지막 세 번째 시험은 3층 "이성의 뇌"와 관련이 있다고도 할 수 있겠다.

그중 첫 번째 시험은 1층 "생명의 뇌"와 관련된 시험인 동시에 모든 시험의 토대가 되는 문제와 관련이 있다. 시험하는 자가 예수님께 나아와서 말한다. "네가 만일 하나님의 아들이어든 명하여 이 돌들로 떡덩이가 되게 하라." 예수님께서 이렇게 대답하신다. "기록되었으되 '사람이 떡으로만 살 것이 아니요 하나님의 입으로부터 나오는 모든 말씀으로 살 것이라' 하였느니라"(마 4:3-4). 이 말씀이 얼마나 멋진지 모른다. 이원론이나 이분법에 사로잡힌 사람들은 이렇게 생각한다. "하나님의 말씀이 밥 먹여주냐? 일단 먹고사는 것을 해결해야 하지 않느냐?" 그들은 지나치게 현실주의적이고 생존의 문제만을 강조한다. 반대편에서는 이렇게 말한다. "사람은 떡으로 사는 것이 아니라 하나님의 입으로부터 나오는 모든 말씀으로 사는 것이다." 이들은 떡의 문제를 무시한다. 지나치게 이상주의적이다. 하지만 주님은 말씀하신다. "사람이 떡으로만 살 것이 아니요, 하나님의 입으로부터 나오는 모든 말씀으로 살 것이라." "Not~ But~"이 아니라 "Not only~ But also~"다. 한쪽을 부인하는 것이 아니라 양쪽을 다 인정한다. 떡과 말씀 모두를 인정한다.

"사람이 떡으로만 살 것이 아니요 하나님의 입으로부터 나오는 모든 말씀으로 살 것이라"에 대해 크게 두 가지 차원의 해석이 가능하다고 본다. 하나는 떡이 말씀이 되게 하라는 뜻이다. 이것은 다음과 같은 의미로 해석할 수 있다. "우리의 생존이 하나님 나라의 가치를 체화하는 삶, 떡이 말씀이 되도록 하는 삶을 살라." 러시아 신비주의자 베르자예프의 말을 인용하기도 했다. "떡을 나눌 때 그 떡은 더 이상 떡이 아니라 말씀이다."

두 번째 해석이 있을 수 있다고 생각한다. "하나님의 말씀을 실현하는 삶을 살 때 떡의 차원을 통해 이루라." 나는 떡과 생존의 가치를 중요하게 여기는 사람들이 보수적인 사람들이라고 생각한다. 반면 새로운 세계에 대한 꿈을 꾸는 사람들이 진보적인 사람들이라고 생각한다. 지금까지는 이 두 가지 가치가 대립하면서 서로 싸웠다. 신영복 선생님 말씀처럼 잘못된, 불운한 역사 때문에 좌와 우가 "소통"하는 게 아니라 서로를 "소탕"해왔다. 사실 좌우라는 것은 선명하게 나뉠 수 있는 것이 아니다. 기준은 항상 변한다. 박근혜 전 대통령의 공약을 보면 그의 아버지 박정희 대통령 시대라면 아마 좌파라고 낙인찍혀 남산대공분실에 끌려갈 공약들이 많았다. "좌"라는 것은 조금 불편하지만 뭔가 현 단계를 새롭게 재구성하고 가치 지향을 하자는 의미고, "우"라는 것은 현재의 모든 생명을 따뜻하게 지키자는 의미다. 둘 다 좋은 것이고, 공존해야 하는 것이며, 서로 보완을 해야 하는 것이다. 어떤 식으로 공존해야 할까? 말씀을 성취하기 위해 떡의 방식을 중요하게 여기는 것이다. 한마디로 표현하자면, 신영복 선생님 말씀처럼 이상과 이론은 왼쪽으로 하고, 현실과 실천은 오른쪽으로 해야 한다.

적자생존이 아니라 공생하는 삶

『12가지 인생의 법칙』(메이븐, 2018)이라는 책이 있다. 책의 저자인 조던 피터슨(Jordan Peterson)은 하버드 대학교 심리학 교수일 때는 최우

수 교수에게 수여하는 "레빈슨 교수 상" 후보에 올랐고, 현재 재직하는 토론토 대학교에서는 "내 인생을 바꾼 교수"로 뽑힐 만큼 인정받고 있다. "쿼라"(Quora)라는 질의응답 사이트에서 "누구나 알아야 할 가장 소중한 것은 무엇일까"라는 질문에 올린 답글이 최고 리뷰와 추천을 기록했으며, 그 내용으로 강의한 내용을 담은 유튜브 동영상은 이 책의 한국어판이 나올 때쯤에는 7,400만 뷰의 대기록을 세웠다. 500쪽이 넘는 이 책 역시 전 세계에서 수백만 부가 팔렸다. 사람들이 왜 이렇게 이 책에 열광할까? 조던은 사람들이 궁금해하는 빵의 문제를 사람들이 알아듣기 쉽게 썼기 때문이다. 보수적인 사람들이 추구하는 가치를 체계적으로 정리했다.

조던은 제1장에서 이렇게 말한다. 이 세상은 동물의 세계처럼 영역 다툼을 하는 장소다. 영역은 중요하지만 좋은 영역은 항상 부족하기 때문에 충돌이 일어날 수밖에 없고 그 싸움의 결과에 따라 패자와 승자로 나뉘게 된다. 승자는 높은 지위를 얻고 패자는 낮은 지위에 처할 수밖에 없다. 세상은 원래 불공평하다. "마태의 법칙"에 의해 움직인다. "무릇 있는 자는 받아 풍족하게 되고 없는 자는 그 있는 것까지 빼앗기리라"(마 25:29). 따라서 서열 구조는 생명 세계의 특징이다. 약육강식의 세계에서 강한 자가 높은 지위를 차지하는 것은 자연스럽다. 80/20의 세계가 세상의 질서다. 낮은 지위에 있는 사람들은 항상 주눅 들어 있고 내면에 화가 나 있다. 반면 강한 자들은 당당하다. 혼돈을 질서로 바꿔 안정적인 세상을 만들 능력이 있기 때문이다. 인생의 제1법칙은 승자의 법칙이다. 승자처럼 어깨를 펴고 당당하게

서라는 것이다. 그는 그것을 토대로 해서 나머지 11가지 인생의 법칙을 풀어간다.

　지금까지 이런 사고방식이 세상을 지배해왔다. 솔직히 교회도 이런 승리주의적인 사고방식에 물들어 있었음을 고백하지 않을 수 없다. 하지만 코로나19는 그것만 가지고는 재난의 시대에 새로운 세계를 만들어낼 수 없음을 보여준다. 나는 자기계발서들의 가장 큰 오류가 "환경"을 상수로 놓는 것이라고 본다. 자연처럼 환경은 변하지 않는 상수이기 때문에 약육강식의 세계에서 자신을 잘 적응하여 적자생존 해야 한다고 말한다. 적자생존의 세계에서 승자의 지위를 얻기 위해 능력을 갖추어야 한다고 말한다. 하지만 환경은 상수가 아니라 변수다. 환경은 항상 변해왔고 지금도 변하고 있다. 인간의 선택과 노력 여하에 따라 세상은 새롭게 바뀐다. 이제 새로운 세상은 "공존하는 세상"이어야 한다. 우리는 서로 협력하며 살아가는 세상을 만들어야 한다. 세상에 적응하는 삶이 아니라 세상을 변혁하는 삶을 살아야 한다. 실제로 진화에 대해 말하는 사람들도 이제는 경쟁이 아니라 공존을 말한다. 가장 대표적인 사람이 『만물은 서로 돕는다』(르네상스, 2005)를 쓴 P. A. 크로포트킨(Pyotr A. Kropotkin)이다. 공생 진화에 대해 말하는 과학자도 많다. 『코스모스』(사이언스북스, 2006)로 유명한 칼 세이건(Carl Edward Sagan) 박사의 부인 린 마굴리스(Lynn Margulis)의 『공생자 행성』(사이언스북스, 2007)을 읽어보라. 린 마굴리스는 인류 문명의 진화 과정도 경쟁이 아니라 공존을 통해 발전했다고 말한다. 『초협력자』(사이언스북스, 2012)의 저자는 오직 협력하는 자만이 살아남고, 직접 상호성, 간접 상호성, 공간 게임, 집단 선택, 혈연 선택이라는 5가지 협력의 법칙이 자연을 지배하고 있다고 말한다. 코로나19는 더 이상 우리가 서로 경쟁하며 적자생존 하는 삶이 아니라 서로 공존하는 세상을 만들어야만 생존도 가능하다는 것을 알게 했다. 교회가 앞장서서 그것을 보여주어야 한다. 교회는 세상을 향해 사람이 떡으로만 살 수 없음을 보여주어야 한다. 하나님의 말씀으로 살아야 함을 보여주어야 한다. 그것도 떡의 문제를 가지고 말이다.

3장

성자적 영성과 혁명가적 영성으로 보는 코로나19

초록, 생태-생태 친화적인 문명

나는『성자와 혁명가』에서 기독교 영성을 크게 두 가지로 묘사했다. 하나는 성자적 영성이고 다른 하나는 혁명가적 영성이다. 성자야말로 자신의 죄성을 깊이 사유하는 자며 혁명가야말로 세상의 불의를 깊이 사유하는 자다. 기독교 영성은 성자와 혁명가로 상징되는 두 갈래 길을 보여준다. 성자적 영성의 핵심은 사랑과 신비이며, 혁명가적 영성은 정의와 불가능성에의 열정이다. 나는 토니 캠폴로(Tony Campolo)와 메리 앨버트 달링(Mary Albert Darling)이 함께 쓴『친밀하신 하나님 행동하시는 하나님』(복있는사람, 2009)을 인용하면서 성자적 영성과 혁명가적 영성 중 어느 한쪽으로 치우치게 되면 "자아도취적 영성"이 되거나 "핵심이 빠진 영성"이 된다고 경고했다. 또한 스레츠코 호르바트(Srecko Horvat)의『사랑의 급진성』(오월의봄, 2017)을 소개하면서 사랑 없는 혁명과 혁명 없는 사랑 모두 잘못되었음을 지적하기도 했다. 사랑과 혁명은 함께 간다. 진정한 사랑의 급진성은 혁명의 급진성에서 발견되고 혁명의 급진성은 진정한 사랑에서 발견된다. 진정으로 급진적인 혁명을 이루기 위해서는 사랑이 필요하며 진정한 사랑은 혁명처럼 새로운 세계의 창조다. 혁명만 있고 사랑이 없는 역사적 사건은 "이란 혁명"과 "소비에트 혁명"이다. 우리는 그 결과를 잘 알고 있다. 얼마나 삭막하고 폭력적인 세상이 되었는지 말이다. 대의에 의해 개인의 욕망이 부정당하고 결국은 수직적 권위가 난무하는 관료 사회가 되어버렸다. 반면 사랑만 있고 혁명이 없는 상태가 바로 현대 소비 자본주의 사회의 사랑의 관계다. 그것은 진정한 사랑도 없고 가벼운 만남과 차가운 친밀성 그리고 성적 흥분만이 존재하는 관계다. 또한 68혁명의 부정적인 측면도 이에 해당하는데, 히피들처럼 성혁명을 앞세운 결과는 결국 포스트모던적인 성적 방종일 뿐이었다.

예수님의 제자들은 사랑 없는 혁명을 꿈꿨다. 그들은 로마의 압제에서 해방할 강력한 힘을 가진 메시아를 따랐다. 그런 제자들에게 주님은 말씀하신다. "사랑 없는 혁명은 다시 실패로 돌아가는 것에 불과하다. 사랑 없는 혁명은 의미가 없다. 사랑 없이는 혁명을 이룰 수도 없다. 사랑이 혁명이다. 십자가가 혁명이다. 자기부정이 혁명이다. 그런 혁명만이 새로운 세상을 가져올 수 있다." 주님은 십자가의 사랑을 통해 새로운 혁명을 일으키셨고 새로운 나라를 세우셨다. 반면 작금의 그리스도인들은 혁명 없는 사랑만을 꿈꾼다. 오직 자신을 위로해주고 자신의 욕망을 채워줄 메시아를 기대한다. 새로운 세상을 꿈꾸지도 않고 대의를 위해 자신을 던지지도 않는다. 나는 현대 기독교 영성에서 혁명은 없고 사랑만 있는 관계를 본다. 사랑의 대상 자체에 몰입해서 하나님의 혁명을 꿈꾸지 않는 관계 말이다. 하나님이 이루신 진정한 영적 혁명을 통해 새로운 하나님 나라를 이루고자 하는 열정이 없는 사랑의 관계 말이다. 현실 기독교의 문제는 몇몇 일탈하는 목회자나 평신도만의 문제가 아니다. 일반적인 그리스도인의 영성이 기독교의 본질을 잃은 것이 진짜 문제다. 혁명 없는 사랑이 문제다. 그러므로 진정한 기독교 영성을 되찾는 길은 성자적 영성과 혁명가적 영성의 통합이다.

기후 위기가 코로나19를 낳았다

성자적 영성과 혁명가적 영성이라는 시각으로 코로나19 팬데믹 사태를 바라볼 수 있을 것 같다. 먼저 어떻게 혁명가적 영성으로 현 상황에 대처해야 할지에 대해 나누어보자. 코로나19 사태에 대해 제대로 반응하기 위해서는 완전히 새로운 세상에 대한 상상력을 가져야만 한다. 코로나19가 전혀 새로운 세상을 만들고 있기 때문이다. 경제적인 차원 뿐 아니라 생태적인 차원에서도 새로운 세상을 만들고 있다. 이번 장에서는 생태적 차원에 대해 살필 것이다. 확실치는 않지만 인터넷에서 아프리카 차드의 문인 무스타파 달렙(Moustapha Dahleb)이 쓴 글에도 언급된 것처럼 우리는 코로나19 팬데믹 상황이 되자 매연이나 공기 오염이 줄었음을 순식간에 깨닫게 되었다. 인간의 움직임이 멈추자 지구가 깨끗해졌다. 중국의 탄소 배출이 25% 이상 줄어들면서 대기의 질이 깨끗해졌고, 관광객으로 몸살을 앓던 베네치아 운하에는 60년 만에 물고기가 돌아왔다. 결국 지구를 이 모양으로 만든 건 인간이었다.

코로나19는 인간이 자신의 욕망을 충족시키기 위해 자연을 파괴한 결과로 동물들이 사는 야생과 인간들이 사는 마을의 경계선이 무너지면서 동물에게만 있던 바이러스가 인간에게까지 전염된 인수공통 질병(zoonotic diseases)이다. 한마디로 코로나19 팬데믹은 기후 위기가 만들어낸 괴물이다. 홍기빈 칼폴라니연구소 소장은 『코로나 사피엔스』(인플루엔셜, 2020)에서 코로나19로 말미암아 지구적 자본주의를 떠받쳐온 4개의 체제가 흔들리고 있다고 말한다. 그 네 가지는 다음과 같다. 산업의 지구화, 생활의 도시화, 가치의 금융화 그리고 환경의 시장화다. 특히 앞의 세 가지가 생태 위기를 만들었다. 생산의 산업 구조(가치 사슬)가 전 세계적으로 연결되어 있는 "지구화"로 인해 중국 우한에서 발생한 코로나19가 전 세계로 확산되어 팬데믹을 가능하게 했으며 전 세계적인 공급망이 무너져 미국에서는 휴지조차 살 수 없었다. 세계 인구의 절반이 높은 인구 밀도를 가진 도시에 살고, 도시에 살지 않는 사람들도 도시와 관계를 맺어야 일상이 가능하며, 국가 간 네트워크나 국내 도시 간의 네트워크보다 거대 도시들끼리의 네트워크가 더 중요해질 정도의 "도시화"로 인해 바이러스가 빠르게 확산될 수 있었다. 그리고 산업 활동과 사회를 조직하는 기본 원리가 만사 만물을 금융 자산으로 바꿔서 금융 자산에 가격을 계산하여 조정하는 것인데, 여기서 금융 자산의 가격을 산정하는 것을 금융 시장,

자본 시장에 맡겨놓는 "금융화"로 인해 산업 구조가 취약해졌고 공공 의료와 복지 체제가 무너졌기 때문에 방역에 실패할 수밖에 없었다. 이 세 가지가 결국 생태적 위기를 만들었다고 한다. 그리고 바로 이 생태적 위기가 코로나19 팬데믹을 만들어냈다.

기후 위기는 또 다른 코로나19를 계속해서 만들어낼 것이다. 기후 위기는 북극의 빙하를 녹일 것이고 그 안에 갇혀 있던 지난 수백만 년 동안 공기 중에 퍼진 적이 없는 질병을 퍼트릴 것이다. 어떤 학자들은 빙하가 녹으면 100만 종이나 되는 바이러스가 풀려날 것이라고 말한다. 아마도 우리의 면역 체계는 대응하는 방법조차 모를 것이다. 먼 옛날의 질병이 깨어나는 것보다 더 염려스러운 상황은 현존하는 질병이 장소를 옮기는 것이고 관계망을 바꾸는 것이며 심지어 진화를 거듭하는 것이다. 이로 인해 진염병의 세계화가 이루어지고 있다. 기후 변화는 그동안의 경계들을 무너뜨려 모기, 진드기, 벼룩 등을 통해 전염되는 각종 질병을 경계를 넘어 전 세계로 퍼트릴 것이다. 지금까지 안전했던 박테리아가 변종을 만들어내 우호적인 공생 관계를 끝내고 언제 우리를 공격할지 모른다. 코로나19 팬데믹과 같은 상황이 일상화될지도 모른다. 말 그대로 "뉴 노멀"이다. 우리가 인류 문명을 생태 친화적으로 전환하지 못한다면 인류는 곧 멸절될지 모른다.

기후 위기는 매우 심각한 상태다. 지구의 역사에서 지구는 총 다섯 차례의 대멸종 사태를 겪었다고 한다. 대멸종은 공룡이 멸종한 경우를 제외하면 대부분 온실가스에 의한 기후 변화와 관련이 있다고 한다. 가장 악명 높은 경우가 2억 5,000만 년 전에 발생한 대멸종인데, 당시 이산화탄소가 지구 온도를 5도 증가시키면서 시작되었다고 한다. 그런데 오늘날 인류는 그때보다도 10배 빠른 속도로 대기 중에 이산화탄소를 배출하고 있다. 산업화 이전 시기와 비교하자면 최소한 100배 더 빨라졌다. 전문가들은 기후 변화로 말미암아 "자연 재해"가 아니라 "대량 학살"이 일어날 것이라고 말한다. 지금 세계는 "인류 멸절"이 화두가 되고 있다.

기후 위기를 표현하기 위해 사람들은 우리가 "인류세"(Anthropocene)에 살고 있다고 말한다. 인류세라는 개념은 2001년에 네덜란드 화학자인 파울 크루첸(Paul Jozef Crutzen)이 처음 제안했다. "다음백과"에 의하면 인류세는 신생대 마지막 시기(제4기)에 해당하는 홀로세(Holocene)를 잇는 지질 시대다. 지질 시대는 지구가 형성된 후 현재까지를 이르는 용어로 약 1만 년 전부터 현대까지의 지질 시대를 홀로세라 한다. 인류세는 홀로세에서 인류가 지구 환경에 큰 영향을 미친 시점부터의 지질 시대를 그 이전과 다른 지질 시대로 구분한 것이다. 인류세의 가장 큰 특징은 인간에 의한 지구 환경의 변화다. 생물 다양성과 기후 변화, 지형학, 층서학 등 다양한 분야에서 관련 연구가 진행되고 있다. 대표적으로 생물 다양성과 관련한 가장 큰 문제는 인간의 활동으로 인한 멸종의 가속화다. 기후 변화는 화석 연료 사용으로 인한 대기 오염과 큰 관련이 있다. 인간의 활동으로 대기 중 이산화탄소 농도가 급격히 증가했으며 오존층이 파괴되고 지구 기온이 상승하는 효과가 일어났다. 이로 인해 우리는 "인류 멸절"의 위기에 놓이게 되었다.

코로나19 팬데믹 상황에서 번역 출간된 『2050 거주불능 지구』 (추수밭, 2020)에서 데이비드 월러스 웰즈(David Wallace-Wells)는 인류세에 살고 있는 많은 사람이 착각하는 것이 하나 있다고 말한다. 사람들은 지구 온난화가 산업 혁명 이후 여러 세기에 걸쳐 쌓였다가 지금과 같은 시대가 된 도덕적·경제적 부채와 같다고 생각한다. 하지만 대기 중에 배출된 탄소 중 절반 이상은 불과 지난 30년 사이에 배출됐다. 다시 말하면 기후 위기 문제가 대두되고 나서도 문제를 인지하지 못했을 시간만큼이나 인간이 지구를 파괴해왔다는 것이다. 이 사실이 우리를 더 암울하게 만든다. 미국이 탈퇴한 파리 기후 협약조차도 기온 2도 상승을 최소한의 요구 조건으로 설정해 전 세계 국가의 동참을 요구한 것이 불과 2016년에 일어난 일이니 과연 기후 위기를 극복할 수는 있을까?

웰즈는 이 책에서 "12가지 기후 재난의 실제와 미래"에 대해 말한다. 1. 살인적인 폭염. 너무 빨리 더워지니 예측 따위가 소용없을 지경이다. 열사병으로 수많은 사람이 죽어가고 있다. 2. 빈곤과 굶주림. 땅의 황폐화 그리고 전례 없는 가뭄과 폭우로 곡식 생산량이 저하되고 곡식의 영양이 붕괴된다. 3. 집어삼키는 바다. 빙하가 녹으면서 해수면이 높아져 많은 도시가 물에 잠길 것이다. 세계 주요 도시의 거의 2/3가 해안가에 위치해 있다. 해수면이 높아지는 "만조형 홍수"만이 아니라 폭우와 해일 때문에 강이 범람하는 "내륙형 홍수"도 문제다. 4. 치솟는 산불. 전 세계 탄소 배출량의 약 12%는 산림 파괴가 원인이며 약 25%는 산불이 원인이다. 화염 폭풍 수준의 불길이 치솟고 있고, "화재철"이라는 단어가 사라질 정도로 연중무휴 잦은 횟수와 광범위한 규모로 확산되고 있으며, 주요 도시까지 침범하고 있다. 5. "날씨"가 되어버릴 재난들. "500년에 한 번" 있을 법한 재난이 일상이 되고 있다. 6. 갈증과 가뭄. 세계적으로 담수의 70-80%는 식품 생산과 농업에 사용하며 추가로 10-20%는 공업에 사용된다. 단 0.007%만 먹는 물로 사용한다. 이마저도 가뭄으로 인해 거대 호수마저 바닥을 드러내고 있고, 지표 아래의 물 저장고인 "대수층"도 무분별하게 끌어다 쓰고 있으며, 그로 인해 현재 담수가 빠르게 고갈되고 있어서 수자원을 둘러싼 "물 전쟁"은 심각한 상태다. 7. 사체가 쌓이는 바다. 바다가 지구 온도 조절 능력을 상실하고 있다. 바다 중 13%만이 손상되지 않은 상태다. 우리는 현재 해양 무산소화 시대를 살아가고 있다. 바다의 컨베이어 벨트라고 불리는 거대한 순환시스템(해류)이 망가지고 있다. "태평양 거대 쓰레기 섬"이 만들어지고 있고 "미세 플라스틱 오염"은 심각한 상태에 이르렀다. 8. 마실 수 없는 공기. 세계 인구의 95%가 위험할 정도로 오염된 공기를 마시고 있다. 9. 질병의 전파. 각종 바이러스가 더욱 강하고 빠르게 진화하고 있다. 10. 무너지는 경제. "화석 자본주의"가 붕괴되고 있다. 1929년의 대공황이나 2008년 대침체(금융 위기)를 넘어서는 "대몰락(대붕괴)"이 예상된다. 11. 기후 분쟁. 헐벗은 지구 위에서 빽빽한 인구가 벌이는 자원 전쟁이 늘고 있고 환경 난민들이 증폭하고 있다. 온도 상승으로 인한 분노와 폭력이 늘고 있다. 12. 시스템의 붕괴. 비인간적 생활 조건이 일상이 되는 상태가 되어 몸과 마음, 사회의 시스템이 무너지게 된다. 위의 내용을 읽기만 해도 종말이 다가온 것 같은 "기후 아포칼립스" 혹은 "기후 트라우마"에 빠지는 것 같은 느낌이다.

웰즈는 우리가 기후 문제를 해결하기 위해서는 지구를 단지 행성처럼 생각해서는 안 된다고 말한다. 우리에게 필요한 원칙은 한 사람처럼 생각하는 것이다. 단지 한 사람의 운명을 우리 모두가 나누어 짊어지고 있을 뿐이다. 한 사람으로 생각할 때만 지구의 운명에 대한 책임을 우리가 받아들이게 된다. 지구 외에는 우리 집이라고 부를 수 있는 것이 없다. 우리가 살고 싶은 다른 행성을 선택할 수도 없다. 그러니 한 사람처럼 생각하자. 그래야 인류 멸절을 면한다. 교회는 2050년에 거주 불가능한 지구의 위기 앞에서 성경적으로 응답할 수 있어야 한다.

생태 친화적 문명으로 전환하라

최근 내가 속해 있기도 한 단체가 여러 단체들과 함께 "코로나19 사태를 맞아 드리는 기독교 공동 성명"이라는 것을 발표했다. 21개의 개신교 단체가 모여 발표한 성명이었는데 이것이 모 언론에서 이상한 제목과 함께 발표되어 언론사에 직접 찾아가 항의하는 일까지 발생했다. 해당 언론은 처음에 이렇게 타이틀을 뽑았다. "개신교 21개 단체, 신천지 신도들을 향한 '마녀사냥'을 멈춰 달라 성명서 발표." 정말 황당하다. 성명서의 취지를 완전히 왜곡한 보도다. 강력한 항의로 그

후 이렇게 제목이 바뀌었다. "개신교 21개 단체, 주일 예배 당분간 중단하고 문명 성찰 계기 삼아야."

이 성명서는 크게 세 가지 주장을 담고 있다. 그중 이번 장의 주제와 관련된 중요한 내용은 첫 번째 주장이다. 성명서는 지금 코로나19 사태를 생명적·생태적 삶으로 전환하라는 경고라고 말한다. 이런 내용이다. "지금의 상황은 그동안 삶의 터전인 피조세계 전체를 경시해왔던 관행에 들려주는 경종입니다. 변종 바이러스의 출현은 그동안 우리가 추구했던 산업 발달과 국제 교역의 증가를 통한 경제 성장이 도리어 인간의 삶의 조건과 환경에 파괴적 변화를 수반했음을 뜻합니다. 인간의 생태계 파손 행위가 동물들의 터전을 파손하고, 동물들을 숙주로 하는 미생물들을 자극해 질병으로 되돌아오고 있습니다. 그러므로 신종 코로나19 바이러스 감염 사태는 생태계를 파괴해가며 성장과 발전을 이루고자 했던 현대 문명을 향해 지금이라도 방향과 태도를 바꾸라는 경고입니다. 우리가 지금과 같은 형태의 생태 파괴적인 삶을 이어간다면 앞으로 또 다른 변종 바이러스가 끊임없이 출현할 것입니다. 이제라도 우리는 인간의 건강이 동물뿐 아니라 생태계 전체의 건강과 긴밀히 연결되어 있다는 사실을 속히 받아들여 문명사적인 전환을 이루어야 합니다."

아주 중요한 지적이 아닐 수 없다. 혁명가적 영성이란 이 세상에 대한 체제 전복적 사고와 더불어 근본적인 전환을 모색하는 영성을 말하는데, 하나님의 혁명을 경험한 사람들은 코로나19를 맞아 체제의 전환만이 아니라 문명의 전환, 즉 생태 친화적인 문명의 전환까지 고민하지 않으면 안 된다. 성경이 가르치는 구원은 단지 영적이고 내면적인 차원만 있는 것이 아니다. 오히려 사회경제적 차원과 생태문명적 차원까지 포괄하는 총체적 구원이다. 개인의 전인적 차원의 구원만이 아니라 우주적 차원의 구원까지 포괄하는 것이 하나님 나라의 복음이다. 성경적 구원은 개인, 공동체, 사회, 문명, 무생물, 동물, 식물, 지구, 우주 등 모든 차원의 회복을 의미한다.

만물에게 복음을 전파하라

채식을 하는 딸 때문에 "동물권"에 대해 공부한 적이 있었다. 한국에서 동물권이 이슈가 된 것은 구제역 때문일 것이다. 2010년 말 구제역으로 600만 마리의 가축들이 산 채로 땅에 묻혔다. 전 세계적으로는 해마다 500억 마리의 동물이 인간에 의해 죽어간다고 한다. 물고기를 빼면 250억 마리의 동물들이 우리의 음식이 되기 위해 죽고, 매년 4천만 마리의 동물이 모피가 되기 위해 죽는다. 이로 인한 "공장식 축산"과 공기 오염 이슈는 유명한 이야기다. 이에 대해 반기를 든 사람들이 많지만 동물권 논쟁을 불러일으킨 사람은 『동물 해방』(연암서가, 2012)을 쓴 피터 싱어(Peter Singer)다. 피터 싱어는 공리주의 입장에서 동물 해방을 주장한다. 공리주의(utilitarianism)는 행복과 고통의 문제를 가장 중요한 윤리적 기준으로 삼는다. 동물 해방도 마찬가지다. 동물을 부당하게 죽여서는 안 되는 이유는 동물도 고통을 느끼기 때문이다. 어떤 존재든 동일한 고통을 평등하게 대하는 것이 중요하다. 피터 싱어는 종차별주의를 극복하고 고통을 느끼는 존재들에 대한 평등한 고려가 필요하다고 말한다.

하지만 "동물 신학"을 주장하는 앤드류 린지(Andrew Linzey) 교수는 피터 싱어의 주장은 한계가 있다고 말한다. 그는 공리주의에는 아주 중요한 두 가지 요소, 즉 연약함과 무구함에 대한 고려가 빠져 있다고 말한다. 그는 모든 존재들에 대한 평등한 고려를 넘어 "더 큰 고려"가 필요하다고 말한다. 약자와 상처입기 쉬운 존재들에 대한 도덕적 우선순위를 가져야 한다는 것이다. 앤드류 린지는 한마디로 관대함의 윤리가 필요하다고 말한다. 그에 따르면, 그 관대함은 예수 그리스도의 삶과 십자가에서 드러난 하나님의 관대함이다. 나중에 온 이 사람에게도 동일한 품삯을 주는 포도원 주인의 관대함이다. 더 일한 사람은 많이 받고 덜 일한 사람은 적게 받는 인간적 평등으로서의 정의가 아니라 업적과 관계없이 필요에 따라 삶의 권리를 보장해주는 은총의 정의, 가장 약하고 무고한 자를 우선적으로 감싸는 적극적 정의, 이것이 "모두를 위한 정의"의 핵심이다. 앤드류 린지는 개인적으로 흐르는 인권 담론이나 권리 담론을 넘어 관대함의 윤리, 자비의 윤리, 돌봄의 윤리가 필요하다고 말한다.

이러한 주장을 뒷받침하는 성경의 비전 중 하나가 이사야 11장이다. 이사야가 6장에서 소명을 받은 후 구원에 관한 첫 번째 예언적 환상이 11장에 나온다. "그때에 이리가 어린 양과 함께 살며 표범이 어린 염소와 함께 누우며 송아지와 어린 사자와 살진 짐승이 함께 있어 어린아이에게 끌리며 암소와 곰이 함께 먹으며 그것들의 새끼가 함께 엎드리며 사자가 소처럼 풀을 먹을 것이며 젖 먹는 아이가 독사의 구멍에서 장난하며 젖 뗀 어린아이가 독사의 굴에 손을 넣을 것이라"(사 11:6-8). 우리는 이 환상이 동물권 회복의 주제를 포괄하고 있음을 알 수 있다.

창세기는 하나님이 인간뿐 아니라 온 세상과 언약을 맺으셨음을 보여주고 있다. 하지만 인간이 죄를 지음으로 인해 이 언약을 깨뜨렸다. 죄의 결과는 세 가지 차원으로 나타났다. 먼저 죄는 모든 인간 존재와 삶을 오염시킨다. 인간은 육체적·이성적·사회적·영적 존재다. 한마디로 전인격적인 존재다. 인간의 죄는 인격을 구성하는 네 가지 차원 모두를 오염시킨다. 인간의 어떤 측면이 아니라 인간 존재 자체가 죄인인 것이다. 죄와 인간이 일치해버렸다.

다음으로 죄는 인간 사회와 역사에 스며든다. 개인의 죄만이 아니라 집단적인 죄도 존재한다는 말이다. 죄는 공시적으로 모든 사회에 편만할 뿐 아니라 통시적으로 세대를 따라 확대된다. 창세기 4-11장을 보면 우리는 악이 점점 커져가는 모습을 볼 수 있다. 이것은 단지 우리 각자가 죄인이라고 말하는 차원의 죄만이 아니라 사회 전체에 내재하는 구조적인 악이 존재한다는 걸 의미한다. 따라서 개인적인 차원의 죄만이 아니라 사회적 차원의 죄를 해결해야 한다. 그렇기에 성경은 사회적 차원의 죄 가운데서 역사하는 정사와 권세의 문제를 해결해야 한다고 말한다.

마지막으로 죄는 땅에 영향을 미친다. 창세기 3:17에서 "땅은 너로 말미암아 저주를 받고"라고 말한다. 여기서 말하는 저주가 "자연적 악"을 말하는 것은 아닐 것이다. 신학자들이 말하는 자연적 악이란 지진이나 화산 폭발, 홍수나 쓰나미 같은 현상이다. 하지만 성경에서 말하는 저주는 이런 걸 말하는 것으로 보기 어렵다. 왜냐하면 이런 현상은 창조의 과정 중에도 나타나기 때문이다. 예를 들어 지진을 일으키는 지각 변동이 없었다면 지금의 산과 평지, 강과 바다가 존재하지 않았을 것이다. 또한 인간이 이 지구에 출현하기 전에 이 땅에 살았던 공룡은 전멸했다. 공룡의 멸종은 인간이 죄를 짓기도 전에 나타난 "자연적 악"이다. 그렇기에 나는 자연적 악으로 표현할 수 있는 모든 현상을 인간의 죄로 발생하는 저주라고 볼 수 없다고 생각한다. 아마도 성경에서 말하는 저주는 인간의 죄와 사회적 악이 자연에 끼친 영향을 의미하는 것으로 해석해야 한다. 지금의 기후 위기와 환경 파괴를 보면 알 수 있다.

창세기 1-11장까지의 원 역사를 통해 성경은 인간이 죄로 말미암아 절망적인 곤경에 빠졌다는 걸 보여준다. 어떤 해결책이 인간으로부터 나올 수 없다. 그렇다고 하나님이 창조하신 세계로부터 인간을 저 세상으로 구출하는 것도 해결책이 아니다. 이에 대한 해결책은 인간으로부터 나올 수 없고 오직 하나님으로부터 나온다. 인간을 다른 세상으로 데려가는 것으로 해결책을 삼는 것이 아니라 하나님께서 우리와 함께하려고 이 땅으로 오신다. 그분은 인간의 실패에도 불구하고 인간을 포기하지 않으시고 온 세상을 회복하기를 원하신다. 하나님은 전인격적인 구원과 공동체와 사회의 회복 및 온 우주 만물의 새 창조를 위해 이 땅으로 오신다. 성경은 구원의 드라마다. 어떻게 하나님이 땅에 오셔서 약속대로 아브라함을 부르시고 모세와 다윗을 통해 그리고 궁극적으로 예수 그리스도의 성육신과 공생애, 십자가와 부활을 통해 자신의 구원을 성취하시며 최종적으로 새 하늘과 새 땅을 이루실 것인지에 대해 말하는 거대한 구원의 드라마다.

우리는 창세기를 통해 하나님의 창조가 진실되고 선하며 아름답다는 것을 알게 되었다. 구원이란 단지 인간의 영혼을 구원하는 것을 말하는 것이 아니라 한 개인의 전인격적인 구원, 사회적 차원의 죄악으로부터의 회복, 즉 가정과 공동체와 사회의 진선미로의 회복 그리고 무엇보다 땅의 회복, 즉 새 창조를 말하는 것이다. 성경에서 말하는 구원의 드라마는 창조로 시작해서 새 창조로 마무리되는 거대한 이야기다. 이것이 기독교에서 말하는 구원의 스케일이다. 예수 그리스도의 죽음과 부활을 통해 모든 죄와 악이 제거되고 하늘과 땅이 통합된 새로운 창조세계가 출범했다. "하늘에 있는 것이나 땅에 있는 것이 다 그리스도 안에서 통일되게 하려 하심이라"(엡 1:10). "교회는 그의 몸이니 만물 안에서 만물을 충만하게 하시는 이의 충만함이니라"(엡 1:23).

나는 앞에서 땅의 저주가 소위 말하는 "자연적 악"을 의미하는 것은 아니라고 말했다. 하지만 나는 하나님께서 "자연적 악"도 해결하실 것이라고 믿는다. 성경에 보면 제7일에는 "저녁이 되고 아침이 되니 제7일이라"라는 선언이 없다. 왜 그럴까? 제7일은 특정한 날을 말하는 것이 아니기 때문이다. 제7일은 무한정한 시간을 뜻하는 동시에 미완성의 시간을 뜻한다. 여기서 무한정이라는 말은 하나님의 창조를 통해 이루신 "안식"을 깨뜨릴 것은 궁극적으로 아무것도 없다는 뜻이다. 미완성이란 말은 부족하다는 의미가 아니라 계속적인 창조로의 부름(사명)을 의미한다. 처음 창조는 완전한 상태를 말하는 것이 아니다. 태초의 창조는 완전한 창조를 향한 시작으로서의 창조이기도 하다. 창조는 완전을 향해 나아간다. 인간이 타락했든 타락하지 않았든 간에 창조의 완성은 새 창조다. 새 하늘과 새 땅이 본래적인 창조의 목적이다. 자연은 완전한 창조를 향해 나아간다. 그것은 새 하늘과 새 땅을 향한 계속적인 창조의 과정 중에 있다. 그 과정 중에 자연적 악이라고 부르는 현상이 나타날 수 있다. 물론 지금은 인간의 죄의 결과인 땅의 저주와 분리할 수 없이 함께 나타나지만 말이다. 그렇기에 바울은 로마서에서 이렇게 말한다. "피조물이 고대하는 바는 하나님의 아들들이 나타나는 것이니 피조물이 허무한 데 굴복하는 것은 자기 뜻이 아니요 오직 굴복하게 하시는 이로 말미암음이라. 그 바라는 것은 피조물도 썩어짐의 종노릇 한 데서 해방되어 하나님의 자녀들의 영광의 자유에 이르는 것이니라"(롬 8:19-21). 이것은 궁극적으로 예수 그리스도의 죽음과 부활을 통해 성취되었지만 최종적으로 주의 재림을 통해 새 하늘과 새 땅에서 이루어질 것이다. "내가 들으니 보좌에서 큰 음성이 나서 이르되, '보라! 하나님의 장막이 사람들과 함께 있으매 하나님이 그들과 함께 계시리니, 그들은 하나님의 백성이 되고 하나님은 친히 그들과 함께 계셔서 모든 눈물을 그 눈에서 닦아 주시니 다시는 사망이 없고 애통하는 것이나 곡하는 것이나 아픈 것이

다시 있지 아니하리니, 처음 것들이 다 지나갔음이러라.' 보좌에 앉으신 이가 이르시되, '보라! 내가 만물을 새롭게 하노라'"(계 21:3-5).

　　이사야서 11장은 이러한 구원의 맥락에서 주어진 비전이다. 예수 그리스도께서는 이사야의 비전을 성취하신 메시아시다. 마가복음 1:13을 보면 예수님이 시험을 이기시고 나서 들짐승과 함께 계셨음을 보여주고 있다. 이 구절에는 공동체성을 의미하는 메타(meta)라는 그리스어가 사용된다. 이처럼 예수님이 들짐승과 함께 공동체를 이루시는 모습은 이사야서의 약속과 환상이 성취되었음을 보여준다. 첫째 아담이 불순종하면서 다른 여러 관계와 함께 인간과 동물의 관계를 깼지만 둘째 아담은 순종을 통해 그 관계를 회복하셨다. 예수 그리스도께서 인간과 동식물을 포함해 온 세상을 회복하시고 새롭게 창조하셨다는 것이 복음이다. 그렇기에 마가복음 16:15에서는 이렇게 말한다. "너희는 온 천하에 다니며 만민에게 복음을 전파하라." 이것은 잘못된 번역이다. 여기서 만민으로 번역한 단어는 영어로 "all creation"(만물)이다. 주님은 모든 창조물에게 복음을 전파하라고 말씀하셨다. 왜 그럴까? 이사야의 비전이 성취되었기 때문이다. 그렇기에 그분은 하나님의 아들들이 나타나기를 기다리며 탄식하는 온 피조물에게 복음이 성취되었음을 선포하라고 하셨다.

　　만약 자연적 악의 문제까지 해결하는 것이 하나님의 구원이 아니라면 지금의 자연 자체를 가장 온전한 상태라고 여겨야 한다. 그렇다면 동물권을 말하기가 어려워진다. 동물 해방론자와 생태론자들이 부딪치는 것이 이 지점이다. 생태론자들은 자연 안에도 육식이 존재하기 때문에 육식 자체를 반대할 수 없다고 말한다. 하지만 동물권을 주장하는 사람들은 육식을 반대한다. 만약 우리가 이사야 11장의 비전을 성취하신 예수 그리스도의 구원을 인정한다면 동물 해방에 대한 비전까지 인정해야 한다. 우리는 이사야 11장의 비전대로 인간이 동물을 죽이지도 않고 동물끼리도 서로 죽이는 일이 없는 새로운 세상에 대한 꿈을 꿀 수 있다. 예수 그리스도께서 이 비전을 궁극적으로 성취하셨고 재림을 통해 최종적으로 완성하실 것이다. 우리는 코로나19 앞에서 이러한 복음을 다시 선포해야 한다. 생태 회복의 세상에 대한 비전을 선포해야 한다. 교회 공동체의 문화를 생태 문화로 바꿔야 한다. 그렇다면 생태 회복의 세상에 대한 구체적인 비전은 무엇일까? 요즘 화두가 되고 있는 것은 "그린 뉴딜"이다.

그린 뉴딜과 사회적 뉴딜을 통합하라

생태 친화적인 문명의 전환과 관련해서 최근 화두가 되고 있는 것이 "그린 뉴딜"(Green New Deal)이다. 대공황을 극복한 미국의 루즈벨트(Franklin Delano Roosevelt) 대통령의 "뉴딜 정책"을 생태적 차원에 적용한 것이라고 할 수 있다. 요즘 많은 사람의 입에 회자되는 "그린 뉴딜"은 2007년 유럽 연합(EU, European Union)에 의해 처음 만들어진 개념이다. EU는 "20-20-20 공식"을 완성하며 환경 보호 시대를 야기할 대몰락(대붕괴)에 대비하도록 회원국들을 결속시켰다. 이 새로운 프로토콜은 2020년까지 에너지 효율을 20% 높이는 것, 지구 온난화 가스 배출을 20% 낮추는 것, 재생에너지 생산을 20% 늘릴 것을 요구한다. 같은 해 오랫동안 기후 운동가였던 아홉 명의 인물이 영국에서 모임을 갖고 "그린 뉴딜 그룹"(Green New Deal Group)을 출범시켰다. 2008년 그린 뉴딜 그룹은 "그린 뉴딜: 신용 위기와 기후 변화, 고유가 3중고 해결을 위한 합동 정책"이라는 제목의 선언문을 발표했다. 이후 2009년도에는 독일 녹색당과 유럽 녹색당을 시작으로 여러 나라에서 "그린 뉴딜" 선언들이 봇물처럼 터져 나왔다. 유엔 산하 과학위원회인 "기후 변화에 관한 정부 간 협의체(IPCC)"는 2018년 10월 지구 온난화로 인한 기후 변화가 지구상의 생명체들을 위험에 처하게 할 것이라고 경고하며 "그린 뉴딜"을 주장했다. 미국의 2018년 11월 총선의 화두도 "그린 뉴딜"이었다. 미국 그린 뉴딜의 목표는 다음과 같다. "향후 10년 내에 청정 재생 가능 자원으로 내수 전기의 100%를 생산한다. 국가의 에너지 그리드 및 건축물, 교통 인프라를 업그레이드한다. 에너지 효율성을 증대한다. 녹색 기술의 연구 개발에 투자한다. 새로운 녹색 경제에 걸맞게 직업 훈련을 제공한다." 이러한 "그린 뉴딜"이 2020년 대선의 화두가 될 것이라고 예측한다. 한국에서도 문재인 대통령이 코로나19 팬데믹 상황 아래 5월 12일 국무회의에서 환경부, 산업통상자원부, 중소기업벤처부, 국토교통부 등 4개 부처 장관에게 "그린 뉴딜"에 관한 기획안을 제출할 것을 지시했다. 바야흐로 "그린 뉴딜"이 대세다. 그만큼 전 세계가 기후 위기를 심각하게 받아들이고 있는 것이다.

"그린 뉴딜" 정책과 담론을 선도하고 있는 사람이 제러미 리프킨 (Jeremy Rifkin)이다. 내가 그의 책을 처음 접한 것은 신학대학 시절이 었다. 다양한 인문학 서적을 읽을 때였는데 『엔트로피』(범우사, 1983)를 읽고 새로운 눈이 열렸다. 그동안은 사회 변혁을 위해 어떻게 살아 갈 것인가에 대해서만 고민했었는데 단지 사회 변혁만이 아닌 문명의 전환이 필요하다는 인식을 갖게 되었다. 연이어 슈마허(Ernst Friedrich Schumacher)의 『작은 것이 아름답다』(범우사, 1986)를 읽고 나서 그때부 터 본격적으로 문명의 전환에 대한 고민을 하게 되었다. 이를 위해서 는 패러다임의 대전환이 필요하다고 생각하게 되었다. 그때부터 동양 학에 대한 관심을 갖기 시작했고, 논어, 주역, 맹자, 노자, 장자, 불경 등 다양한 동양 고전들을 읽기 시작했다. 또한 자연스럽게 현대 물리 학과 동양학의 관계를 규명하면서 새로운 패러다임을 익혀갔다. 그렇 게 생태학적 관점에서 쓴 책들을 읽어가면서 문명의 전환이 필요함을 절감하게 되었고 성경이야말로 이미 그러한 비전을 제시하고 있음을 알게 되었다. 그렇게 내게 문명의 전환에 대한 시각을 처음 갖게 한 제러미 리프킨이 최근 『글로벌 그린 뉴딜』(민음사, 2020)을 출간했다.

제러미 리프킨은 2028년에 화석 연료 문명의 종말이 올 것이라 고 예견하며 전 세계가 "그린 뉴딜" 계획을 실천해야 한다고 강변 한다. 유럽과 중국에서 그린 뉴딜 정책을 수립하고 집행하는 데 도움 을 주었던 경험을 살려 그는 크게 세 가지를 주장한다. 첫째로 노동자 들이 퇴직 이후의 삶을 위해 지급 유예한 "연금 기금"을 바로 사용해 야 한다. 연금 기금은 2017년 기준 41조 3000억 달러로 세계에서 가장 큰 투자 자본임에도 불구하고 그동안 그 돈을 금융계가 좌지우지했다. 하지만 이제 그동안 연금 기금에 돈을 축적한 사람들이 자신의 자본이 계속해서 자신들에게 불리하게 사용되었다는 사실을 깨닫고 그러한 관행을 깨뜨리기 시작했다. 그들은 화석 연료 산업에 투자된 자금이 "좌초 자산"에 묶여 수천만 근로자의 퇴직금을 소진시킬 가능성이 커지자 투자 회수 과정을 밟기 시작했다. 곧 "분리와 투자" 정책을 펼쳤다. 연금 기금 가입자들은 화석 연료 부문 및 그에 의존하는 관련 산업에서 연금 기금을 "분리"해 탄소 제로 사회를 위한 스마트 3차 산업 혁명 인프라를 구성하는 데 "재투자"하고 있다. 그들은 그린 뉴딜 경제로의 전환에 수반되는 새로운 고용 기회에 대비해 인력을 재교육하도록 압력을 가하고 있으며, 투자에 따른 과정과 결과에 적극적으로 개입하고 있다.

둘째로 새로운 사회적 자본주의를 만들어야 한다. 먼저 변방에 머물러 있던 "사회적 책임 투자"(socially responsible investment, SRI)가 중심으로 도약하고 있음을 인식할 필요가 있다. 젊은 세대들은 주주 투쟁을 통해 근로자 연금 기금 투자의 집행 및 관리에서 환경, 사회, 거버넌스(environmental, social, and governance, ESG) 관련 관행을 투자 평가에 반영할 것을 요구했다. 제러미 리프킨은 2차 산업 혁명 인프라를 3차 산업 혁명의 인프라로 전환하는 데 드는 투자 비용과 자금 마련을 위한 대안까지 세세하게 제시한다. 무엇보다 중요한 것은 그린 뉴딜을 위한 비즈니스 모델인 "에너지 서비스 사업"(Energy Service Company, ESCO)이다. ESCO는 에너지 사용자를 대신해서 에너지 절약 시설에 투자하고 이에 따른 에너지 절감액으로 투자비를 회수하는 기업이다. ESCO를 이용할 경우 에너지 사용자는 경제적·기술적 위험부담 없이도 에너지를 절약할 수 있다. 이 비즈니스 모델은 "판매자/구매자 시장" 전체를 일소하고 "공급자/사용자 네트워크"로 대체하는 "성과 계약"에 의존하는 모델이다. 여기서 자세히 설명하기는 어렵지만 그 모델은 주주의 이익만을 극대화하는 기존의 주주 자본주의가 아닌 이해 당사자와 사회 모두가 상생하는 "사회적 자본주의"의 모델 중 하나를 제시하고 있다.

셋째로 제러미 리프킨은 지구의 생명체를 구하기 위한 "사회 동원령"이 필요하다고 말한다. 그는 인프라 혁명을 통해 인류 역사가 패러다임의 전환을 이루어왔다고 말한다. 약탈과 사냥 기반의 원시적 인프라는 "신화적 의식"과 부족 단위의 거버넌스를, 농경 사회 인프라는 "신학적 의식"과 중앙집권적 제국을, 19세기의 1차 산업 혁명 인프라는 "이념적 의식"과 국민국가 거버넌스를, 20세기의 2차 산업 혁명 인프라는 "정신적 의식"과 글로벌 거버넌스를, 21세기에 부상하는 3차 산업 혁명 글로컬 인프라는 "생물권 의식"과 피어 어셈블리 거버넌스를 탄생시켰다. 21세기에 사는 우리는 3차 산업 혁명 시대와 기후 위기를 동시에 맞고 있다. 그렇기에 그는 기후 위기 앞에서 탈탄소화 스마트 3차 산업 혁명 글로컬 인프라를 만들어내기 위해서는 제2차 세계대전 당시 전시 경제 체제로 전환하기 위해 가능한 모든 물자를 총동원했던 것처럼 EU와 중국과 미국이 앞장서서 사회 총동원령을 내려야 한다고 말한다. 3차 산업 혁명 인프라는 수평적으로 분산된 운영방식에 중점을 두어야 하고 개방성과 투명성을 가진 네트워크 시스템이기 때문에 이에 적합한 조직구조가 "피어 어셈블리"(peer assembly)다. 피어 어셈블리는 도시 및 카운티의 선출직 공무원과 지역 상공회의소, 노동조합, 경제개발 기관, 공공 및 민간 대학 그리고 시민 단체의 대표들로 구성된다. 이는 정치인이 바뀌어도 그린 뉴딜을 계속해서 밀고 나갈 수평적 네트워크 주체로 적합하다. 피어 어셈블리를 통해 이루어갈 23가지 이니셔티브는 『글로벌 그린 뉴딜』을 참고하라.

그뿐만 아니라 "그린 뉴딜"이 바람직한 방향으로 나가려면 "사회적 뉴딜" 즉 "레드 뉴딜"과 함께 가야 한다. 한국적 상황에서는 적녹 연합이 매우 중요하며 그것은 곧 "사회적 뉴딜"과 "그린 뉴딜"을 연결 지어 사고하고 다양한 정책을 내놓는 것을 말한다. 강원돈 교수는 사회적 뉴딜과 그린 뉴딜이 함께 가야 한다고 힘주어 강조한다. 그린 뉴딜은 미래 세대가 향유해야 할 자원과 재원을 현재의 소비를 위해 끌어다 쓰는 자본주의와 그 도구인 기술주의를 생태학적 정의와 사회 정의의 이름으로 통제하려는 새로운 문명 기획이어야 한다. 본격적인 의미의 그린 뉴딜은 자본주의 경제의 대량 생산과 대량 소비 체제를 넘어서는 방식으로 설계되고, 그 핵심은 엄청난 규모로 축적되는 자본의 상당 부분을 떼어내어 한편으로는 생태계 보전을 위해, 다른 한편으로는 인간의 존엄성과 위엄을 보장하는 생활을 위해 사용하도록 하는 것이다. 그런 의미에서 강원돈 교수는 기본 소득과 그린 뉴딜을 연동할 필요성이 있다고 말한다. 그린 뉴딜이 없는 경제는 지속 가능하지 않고, 기본 소득이 없는 사회는 연대와 평화를 유지할 수 없다. 그린 뉴딜과 기본 소득은 함께 가야 한다. 생태학적 정의와 사회 정의가 동전의 양면처럼 결합될 때에만 사람과 생태계가 건강하고 안정적인 생명 공동체를 이룰 수 있다.

무엇보다 "그린 뉴딜"과 "사회적 뉴딜"이 결합될 때 염두에 두어야 할 것은 홍찬숙 연구원이 지적한 "새로운 사회계약의 필요성"이다. 서구에서 코로나19 확산이 의료 체계 붕괴에 대한 공포로 연결된 데는 공공의료 체계의 약화나 붕괴 못지않게 돌봄 노동 시장의 문제가 작용했다. 집에서 하는 가사 노동부터 의료와 기본 서비스 등 "돌봄 경제"(care economy)가 없이는 사회가 굴러가지 않는데도 우리 사회가 그것을 소홀히 했음이 드러났다. 또한 최근에는 저숙련 서비스업에서의 불안정 고용 관행으로 인해 "n잡을 뛰는" 경우가 늘면서 서비스업 종사자, 특히 배달이나 택배업 종사자들과 콜센터 직원들의 감염 위험성이 부각되기도 했다. 증가하는 돌봄 일자리와 저숙련 서비스직 일자리의 공통점을 찾자면 다음 두 가지를 꼽을 수 있다. 하나는 이런 일자리들이 저임금, 불안정 노동, 나쁜 노동 환경의 속성을 갖는 여성의 일자리들이라는 점이고 다른 하나는 코로나19 이후의 "뉴 노멀"로 제시된 디지털화나 그린 뉴딜의 정책 속에서 이런 일자리들이 전혀 고려되지 않고 있다는 점이다. 이것은 기존의 "노동" 개념이 제조업 중심의 남성 노동과 동일시되었기 때문에 발생하는 문제다. 여성 노동은 돌봄 노동이나 감정 노동과 같이 "타인과의 관계"라는 요소들을 포함하는데, 바로 그런 이유에서 그것은 "노동"이 아니라 "규범"의 문제, 즉 "여성이라면 누구나 당연히 해야 하고 할 수 있는 행위"로 여겨지고 있다.

이와 같이 노동을 "타인과의 관계"로부터 분리하는 경향은 "분배 패러다임" 방향으로 발전한 서구 근대 사회계약론의 전통 속에서 확립되었다. 서구 근대의 사회계약론은 "독립적이고 분리된" 개인들의 "이성적 사고"에서 출발한다. 코로나19는 바로 이런 사회계약론의 한계를 드러내고 있다. 코로나19 이후 세계는 새로운 사회계약을 통해 세워져야 한다. 새로운 사회계약에는 "새로운 노동" 개념이 필요하다. "타인과의 관계"라는 맥락에서만 가능한 돌봄 노동이나 감정 노동과 같은 페미니즘의 노동 개념은 "분리된 개인"이라는 사회계약론의 출발점에 문제를 제기한다. "남성적·소유적 개인주의"로는 타인과의 관계를 세우는 돌봄 노동이나 감정 노동에서의 노동을 제대로 이해할 수 없고, 이러한 노동을 "정의"의 문제로 인식하기 어렵게 만든다. 이제는 "관계로부터 완전히 독립된 개인"이 아니라 "돌봄 관계 속에 위치한 개인"의 관점에서 "개인"의 개념을 재정의하고, 새롭게 정의된 "개인" 개념에 기초하여 사회계약과 분배의 프레임을 근본적으로 바꿀 필요가 있다.

또한 인간 역시 바이러스에 취약한 생명체이자 물질이라는 또 다른 문제 역시 사회계약론에 근본적인 수정을 요구한다. 한편으로는 개인을 단순히 데카르트적인 "생각하는 존재"로 규정한 사회계약론의 기본 구도에서 벗어나야 하고, 다른 한편으로는 생태계를 존 롤스(John Rawls)처럼 다음 세대와 공정하게 나눠야 할 자원으로만 보는 관점에서 벗어나야 한다. 여기서는 인간과 생태계 간의 "위험 관계"가 고려되어야 한다. 롤스는 사회계약이 "협동적 사회구성원" 간의 정의로운 계약이어야 한다고 보았는데, 이제 사회계약은 "협동적 지구 구성원" 간의 정의로운 계약이 되어야 할 것이다. 이런 문제를 울리히 벡(Ulrich Beck)은 공론정치의 의제 변화, 즉 글로벌 위험사회와 세계시민주의 정치의 문제로 보았고, 브뤼노 라투르(Bruno Latour)는 "사물의 의회"라는 지구정치(cosmopolitics)의 관점에서 본 바 있다. 이와 같은 홍찬숙 연구원의 문제의식은 코로나19 이후의 세계를 설계할 때 반드시 고려해야 하는 핵심 의제다.

코로나19가 만든 세상은 우리가 만들어갈 미래의 징후다. 그것은 동시에 예수 그리스도께서 성취하신 하나님 나라가 지금 여기에 침투하는 징후다. 우리는 이 징후 앞에서 무엇을 준비해야 하는가를 고민해야 한다. 교회가 무엇을 해야 할지 준비하지 못하면 예상치 못한 위기에 빠질 것이다. 우리는 성경으로 다시 돌아가야 한다. 예언서에서 어떤 예언을 하고 있는지 그리고 예수님은 어떻게 그런 예언들을 성취하셨는지 깊이 묵상한 후 예언자적 상상력으로 "사회적 뉴딜"과 "그린 뉴딜"이 이루어지는 새로운 세상에 대한 방향을 제시할 수 있어야 한다. 지금 주일성수의 문제, 성찬식의 문제 등 내부적인 문제에 에너지를 빼앗길 때가 아니다. 포스트-코로나가 "그린 뉴딜"과 "사회적 뉴딜"이 이루어지는 세계가 될 것을 미리 예측하고 교회 공동체가 이를 어떻게 먼저 가시적으로 보여줄 것인지 치열하게 기도하며 고민해야 한다. 생태 친화적 문명으로 전환하고 탄소 제로 사회를 만들며 새로운 사회계약을 통한 사회를 만들기 위해 교회가 어떠한 실천으로 공동체의 모습을 만들어갈지 고민해야 하며 구체적인 대안을 보여주어야 한다. 교회 건물을 재생 에너지 시스템으로 바꾸고, 교회 내에 환경 선교사를 세우며, "기독교환경교육센터 살림"에서 진행하는 "지구돌봄서클" 같은 다양한 교육 모임을 만들어 생태적 사고에 대해 배우고, 여건이 된다면 환경 운동 단체를 만들며, 주보를 없애거나 재생용지를 사용하고 일회용품 사용을 금지하며 음식을 남기지 않고 로컬 푸드를 이용하는 등 교회 문화를 바꿔가며, 농-도 연결망을 통한 "녹색마켓"을 각각의 교회 내에 혹은 교회들이 연합해 만들어내고, 동물권 운동이나 채식주의 운동을 펼치며, "플라스틱 프리 운동"을 펼치거나 환경주일예배를 드리거나 창조 절기를 지키거나 지구를 위한 기도를 생활화하거나 "기독교환경교육센터 살림"에서 펼치고 있는 40일 혹은 1주일의 "탄소 금식"(1. 아무것도 사지 않기, 2. 일회용품 금식, 3. 전기 사용 줄이기, 4. 고기 금식, 5. 전등 끄고 기도의 불 켜기, 6. 종이 금식, 7. 지구를 살리는 거룩한 습관들이기 등으로 구성되어 있다) 등을 실천해볼 수 있다. 여러 기독교 환경단체가 많이 있으니 지역 교회에 초대하여 실천 방안을 모색하는 데 도움을 얻을 수 있다. 이제 교회가 새 창조의 복음을 실천하는 생태 회복 공동체가 되어야 한다. 교회는 만물을 회복하는 하나님의 구원을 체화한 공동체가 되어야 한다. 그것이야말로 진정한 교회 됨이다. 한마디로 "Be the church"여야 한다. "Doing"이 아니라 "Being"을 통해 복음을 보여주어야 한다.

얍복강의 만남, 신 앞에 선 단독자

다음은 성자적 영성으로 현 상황을 대처해야 한다. 코로나19는 세상을 완전히 새로운 세상으로 바꿔놓고 있다. 그런데 우리 한 사람 한 사람은 강도 높은 "사회적 거리두기"를 하고 있다. 모두가 고립되어 홀로 서는 시간을 보내고 있다. 지금이야말로 골방에서 우리를 만나 주시는 하나님을 독대할 시간이다. 신 앞에 선 단독자로서 하나님을 만나야 한다. 이것을 "얍복강의 만남"이라고 불러도 좋을 것 같다. 창세기를 보면 야곱은 얍복강에서 천사와 씨름한다. 어쩌면 우리는 지금 야곱이 에서란 문제를 두고 얍복강에서 씨름한 것처럼 코로나19 문제를 앞에 두고 씨름하는 시간을 갖고 있는지 모르겠다. 야곱은 자기가 목숨처럼 사랑했던 재물과 가족을 강 건너로 보내고 나서 얍복강에 홀로 남는다. 오직 자기 재산과 자기 가족밖에 몰랐던 야곱이 노동의 산물인 재산과 가정을 내려놓고 철저히 홀로 남아 천사와 씨름한다. 어쩌면 코로나19는 우리에게 재물과 가정을 강 건너로 보내고 야곱처럼 씨름하게 만드는 것 같다. 야곱의 씨름은 정말 자기 생명을 건 영적 싸움이었다. 따라서 우리도 코로나19 앞에서 전 존재를 걸고 영적 싸움을 해야 한다.

야곱은 날이 새도록 천사와 씨름한다. 천사는 야곱을 쉽게 이길 수 없다는 것을 알고 그의 허벅지 관절을 친다. 야곱의 허벅지 관절은 탈골이 되고 만다. 그런데도 그는 천사를 놓지 않는다. 이제는 천사가 애원한다. "나로 가게 하라." 야곱은 말한다. "당신이 내게 축복하지 아니하면 가게 하지 아니하겠나이다"(창 32:26). 그러자 천사가 묻는다. "네 이름이 무엇이냐?"(창 32:27) 이 질문은 곧 "너는 너를 누구라고 생각하느냐?", "너는 도대체 뭐 하는 사람이냐?", "너는 어디에 서 있느냐?"라는 질문이다. 야곱은 이 질문 앞에서 일생일대에 걸쳐 가장 중요한 대답을 한다. "야곱이니이다"(창 32:27). 이 대답은 이런 의미다. "내가 욕망을 성취하기 위해 거짓말 하는 자요, 사기 치는 자요, 인간적인 방법에 의지하는 자니이다." 야곱은 거짓말까지 서슴지 않으며 인간적인 방법을 통해 자신의 욕망을 성취하며 살아가는 자기의 모습을 철저히 직면한다. 그는 자기 자신을 하나님 앞에 완전히 노출시킨다. 지금 코로나19도 우리 자신과 우리 사회를 적나라하게 노출시킨다. 그동안 우리가 무엇을 추구하며 어떻게 살아왔는지를 보게 한다. 우리가 얼마나 탐욕스럽게 살았는지, 얼마나 이기적으로 살았는지, 얼마나 재산과 가정만을 위해서 살았는지, 우리가 얼마나 우리 자신을 잃고 살았는지, 얼마나 가짜 인생을 살아왔는지를 보여준다. 이러한 삶 자체가 재난이었다. 이처럼 코로나는 우리가 이미 재난 가운데 살고 있었음을 보여준다.

이렇게 자신을 인정한 야곱에게 하나님은 새로운 이름을 주신다. 그의 이름은 이제 "이스라엘"이다. 이스라엘은 "하나님과 씨름하여 이긴 자"라는 뜻이다. 그는 지렁이 같은 자, 속이는 자에서 하나님을 이긴 자, 하나님의 존귀한 자인 이스라엘로 바뀌었다. 그는 하나님과의 씨름을 통해 완전히 새롭게 변한 것이다. 실상 그가 하나님과 싸워 이긴 것이 아니다. 하나님이 져주신 것이다. 야곱은 하나님의 져주심이라는 은혜를 맛보았기에 이스라엘로 변화된 것이다. 그렇다면 야곱에서 이스라엘로 변화된다는 것처럼 우리도 코로나19라는 문제와 씨름하면서 변화되어야 한다. 앞서 코로나19가 주는 도전이라고 말한 것들을 내면화할 필요가 있다. 삶으로 그러한 도전들을 실천할 수 있어야 한다.

씨름을 끝낸 야곱의 모습이 우리에게 중요한 도전을 준다. 창세기 26:31은 야곱을 이렇게 묘사한다. "그가 브니엘을 지날 때에 해가 돋았고 그의 허벅다리로 말미암아 절었더라." 그는 야곱에서 이스라엘로 변했다. 하나님의 축복도 받았다. 그런데 그의 모습은 다리를 저는 모습이었다. 씨름 중에 하나님께서 허벅다리 관절을 부러뜨려 그는 평생 다리를 절며 살 수밖에 없다. 그는 더 이상 거짓을 일삼고 사기를 치면서까지 자신의 욕망을 추구했던 예전의 야곱으로 살아갈 수 없다. 인간적인 방법을 통해 자신의 재산과 가정만을 지키려했던 예전의 야곱으로 살아가는 것도 불가능하다. 그는 더 이상 자신의 목표를 이루기 위해 빠르게 질주할 수 없다. 그는 오직 다리를 저는 인생으로 살아갈 수밖에 없다. 무엇을 능숙하게 해낼 수도 없는 무능한 자로, 부족한 자로 살아갈 수밖에 없다. "절뚝거림"이 라이프 스타일인 사람이 바로 야곱이다. 코로나19 이후의 세계는 "절뚝거림"이 라이프 스타일인 사람들의 사회가 되어야 한다. 그것은 조금 부족하게, 조금 느리게, 조금 나약하게 살아갈 수 있는 사람들, 연약함의 공동체다. 십자가의 어리석음과 약함이 구원의 길임을 경험한 사람들이야말로 연약함의 공동체 아닐까? 기독교 공동체는 이 "절뚝거림"의 라이프 스타일을 세상에 보여주어야 한다.

제임스 길모어(James H. Gilmore)는 『체험의 경제학』(21세기북스, 2010)에서 경제적 상품을 네 가지로 나눈다. 첫째, 범용품이다. 범용품은 자연에서 추출한 물질을 의미한다. 원두커피, 오일 등 이것은 "대체 가능한 것"이다. 둘째는 제조품이다. 제품의 차별화와 생산 비용 절감을 통해 가격을 설정한다. 하지만 대량 생산 시스템으로 인해 제조품도 범용화되고 서비스가 주도적인 세 번째 상품이 된다. 셋째, 서비스다. 서비스는 고객으로 알려진 개인의 요구에 따라 만들어지는 무형의 행위를 말한다. 하지만 이제는 서비스조차 범용화의 압력에 시달리고 있다. 저가 지향, 심지어는 무료 지향이 이루어지고 있다. 또한 "탈중개화"와 "자동화"가 이루어져서 서비스 분야의 고용도 대폭 감소하고 있다. 넷째, 체험이라는 상품이다. 범용품이 대체 가능한 상품이고, 제조품은 유형의 상품이며, 서비스는 무형의 상품이라면, 체험은 기억할 만한 상품이다. 사람들은 범용화된 서비스에 소비하는 시간과 돈을 최대한 아껴 좀 더 인상적인 체험, 즉 더 가치 있는 체험에 참여하고 싶어 한다. 기업은 이제 마치 연극 무대를 만들 듯 비즈니스를 연출해야만 살아남는다. 기업이 마련한 연극 무대에서 고객은 잊을 수 없는 체험을 한다. 최고의 체험은 "삶을 변화시키는 체험"이다. 나는 이것을 이렇게 해석한다. 기업은 삶을 변화시킬 만한 최고의 체험을 위해 새로운 라이프 스타일을 경험하게 해야 한다고.

정희선은 『라이프스타일 판매 중』(북바이퍼블리, 2019)이라는 책에서 일본의 마케팅 축이 "매력적인 생활의 제안, 라이프 스타일의 제안"으로 옮겨가고 있다고 말한다. 여성 잡지사가 집을 팔기도 하고, 자동차 기업 렉서스가 카페를 열며, 명품 브랜드가 편의점을 열고, 화장품 회사가 복합문화공간을 열며, 의류 브랜드가 호텔을 오픈하고, 편의점이 피트니스를 열며, 백화점 1층 전체를 음식점으로 만들고, 서점들이 책이 아닌 것들을 팔며, 이발소에서 술을 팔고, 잡지가 소고기를 부록으로 주며, 호텔이 자기만의 콘셉트를 구현하는 이유가 뭘까? 브랜드와 삶을 연결하고, 온라인이 줄 수 없는 경험과 감동을 주며, 색다른 스토리텔링을 제공하고, 고객과 깊은 관계를 맺으며, 무엇보다 기업이 제안하는 새로운 "라이프 스타일"을 경험하게 하기 위해 그렇게 한다. 기업의 성패는 새로운 라이프 스타일을 제공하는가 그렇지 못한가에 의해 결정된다. 기업마저도 이렇게 하고 있는데 기독교가 그렇게 하고 있지 못하다면 기업에도 미치지 못하는 수준이 될 것이다. 원래는 기독교야말로 새로운 라이프 스타일을 제공하는 곳 아닌가? 십자가의 도는 단지 교리를 말하는 것이 아니라 길이자 방법이며 원리이자 방식이다. 약함과 어리석음의 십자가는 그리스도인이 살아야 할 "라이프 스타일"이다. 교회는 코로나19 이후의 세계에서 바로 이 새로운 라이프 스타일을 살아냄으로써 십자가를 체험케 해야 한다.

"절뚝거림"의 라이프 스타일은 더 큰 열매를 만들어낸다. 야곱은 "절뚝거림"으로 인해 주위를 살피고 생명을 살리며 평화를 이루고 살 수 있게 되었다. 자신의 욕망을 성취하고 목표를 이루는 삶의 과정에서 깨졌던 에서와의 관계도 회복된다. 그가 다리를 저는 인생으로 살아갈 수밖에 없었기에 가능한 회복이었으리라. 연약함이 "화평"을 낳았다. 연약함은 "연대"와 "연합"을 가능하게 만든다. 연대와 연합으로 나아가는 연약함만이 진정한 만족과 보람 그리고 평화를 맛보게 할 수 있다. 코로나19 이후의 세계는 다리를 저는 야곱들이 사는 사회가 되어야 한다. 조금 부족하게, 조금 느리게, 조금 나약하게, 그러나 함께 누리고 나누며, 배우고 사랑하며, 평화롭게 살아가는 사람들의 세상이 되었으면 좋겠다.

"얍복강의 만남"은 우리에게 우리 자신의 연약함에 대한 깊은 인식을 가져온다. 연약함에 대한 인식은 연대와 연합을 만들어낸다. 앞서 말한 아프리카 차드의 문인 무스타파 달렙의 글 중 일부도 이에 대해 말하고 있다. "우리는 곧 침묵 속에서 스스로를 돌아보기 시작했으며 '약함'과 '연대성'이란 단어의 가치에 대해 이해하기 시작했다. 우리는 가난하거나 부자거나 모두 한 배에 타고 있음을…시장의 모든 물건을 맘껏 살 수도 없으며 병원은 만원으로 들어차 있고 더 이상 돈으로 해결되는 문제들이 아님을 깨닫게 되었다. 코로나 바이러스 앞에서는 우린 모두 똑같이 연약한 존재일 뿐이라는 것도.…화성에 가서 살고, 복제 인간을 만들고 영원히 살기를 바라던 우리 인류에게 그 한계를 깨닫게 해주었다. 하늘의 힘에 닿으려 했던 인간의 지식 또한 덧없음을 깨닫게 해주었다. 단 며칠이면 충분했다. 확신이 불확실로, 힘이 연약함으로, 권력이 연대감과 협조로 변하는 데에는. 인간은 그저 숨 하나, 먼지일 뿐임을 깨닫는 것도."

연약함은 자아 과잉의 치유책

우리는 이런 깊은 인식 속에서 그동안 지나치게 커져버린 자아를 조정할 시간을 가져야 한다. 개인주의를 이기주의와 혼동하고 자아 과잉에 빠져버린 우리의 모습을 돌아보아야 한다. 타인에 대한 존중과 배려가 상실된 자기중심적인 이기주의에 빠져 있지는 않은지 돌아보아야 한다. 사회 구성원으로서 책임은 방기한 채 오직 자신의 권리만을 주장하고 있지는 않은지 돌아보아야 한다. 세상은 거짓된 환상만을 심어준다. "나는 특별한 존재야. 그러니 무엇보다 내 개인의 행복이 소중해!"라고 외치게 만들어놓고 그런 자의식을 충족시키기 위해 오직 자신만을 돌아보며 소유와 소비만을 추구하게 만든다. 어쩌면 우울증이 이 시대의 질병이 되고 있는 이유 중 하나가 아마도 "자아 과잉" 때문일 것이다. 지나치게 과잉된 자아를 만족시킬 수 없다는 상실감이 우울증을 낳고 있는지도 모른다.

성숙한 개인주의를 보여주는 북유럽의 가치관을 "얀테의 법칙"(Janteloven)이라 부른다. 아무도 특별하지 않기에, 누구든 동등하게 존중받아야 한다는 것이 북유럽인들의 가치관이다. 이는 1933년에 출간된 악셀 산데모세(Aksel Sandemose)의 『도망자, 자신의 자취를 가로지르다』라는 소설에 등장하는 십계명을 일컫는데, 얀테라는 가상의 마을 사람들의 마음가짐을 나타낸 말이다. "얀테의 법칙"은 다음과 같다. 1. 당신이 특별하다고 생각하지 마라. 2. 당신이 다른 사람들처럼 선하다고 생각하지 마라. 3. 당신이 다른 사람들보다 똑똑하다고 생각하지 마라. 4. 당신이 다른 사람보다 더 낫다고 확신하지 마라. 5. 당신이 다른 사람들보다 더 많이 안다고 생각하지 마라. 6. 당신이 다른 사람들보다 더 중요하다고 생각하지 마라. 7. 당신이 뭔가를 잘 한다고 생각하지 마라. 8. 다른 사람들을 비웃지 마라. 9. 누구든 당신 한테 관심을 갖는다고 생각하지 마라. 10. 다른 사람들을 가르칠 수 있다고 생각하지 마라. 이는 자아 과잉에 빠져 자기 권리만 주장하지 말고 공동체를 위해 책임 있는 삶을 살라는 말이다. 하나님의 형상이라는 진정한 자존감을 경험한 사람들은 현실적인 자신의 모습에 대해 겸손할 수 있다. 성자적 영성이란 자신의 연약함을 인식하는 데서부터 온다. 그러니 코로나19 상황에서 이것을 깊이 묵상하는 시간을 가져야 할 것이다.

"강제 멈춤"의 기간 동안 깊은 침묵 속에서 성자적 영성을 배양하는 시간이 되도록 했으면 좋겠다. 이 시기에 읽었던 책 중에 『나는 나무에게 인생을 배웠다』(메이븐, 2019)가 있다. 나무 의사 우종영 씨가 쓴 책이다. 나무 의사라 그런지 글쓰기 스타일 자체가 나무 같고 글의 내용도 나무에 관한 책이라 그런지 잔잔하면서 뿌리처럼 마음 깊이 자리를 잡는 글들이었다. 나무의 특징이 "멈춤" 아니겠는가? 그러므로 나무는 "강제 멈춤"의 시간을 살고 있는 우리에게 중요한 교훈을 준다. 나무는 "나 없음"이다. "我無"다. 멈춰야 내가 없어진다. 내용의 일부만 소개한다.

"나무가 겉으로 보기에는 정적으로 보이지만 사실 주변 환경의 변화에 가장 민감한 생명체입니다. 나무는 주변의 아주 작은 변화에도 온 힘을 다해 생존을 위한 선택을 한다고 합니다. 천수천형, 천 가지 나무에 천 가지 모양이 있다는 뜻입니다. 한 그루의 나무가 가진 유일무이한 모양새는 매 순간을 생의 마지막처럼 최선을 다한 노력의 결과입니다. 수억 년 전부터 지금까지 나무의 선택은 늘 '오늘'이었습니다. 아직 오지도 않은 미래 때문에 현재를 희생하는 건 오직 인간뿐입니다. '멈춤'은 어쩌면 이제 그만 미래를 보고 지금 여기에서 현재를 살아가라는 하늘의 메시지일지도 모르겠습니다.…나무에게 있어서 가장 중요한 것이 '멈춤'이라고 합니다. 열심히 자라는 데 총력을 기울이던 나무는 여름이 깊어질수록 조금씩 성장을 멈추기 시작한다고 합니다. 날이 추워지려면 아직 한참이나 남았는데도 더 이상 뻗어 나가지 않습니다. 그렇게 멈춘 가지는 그 끝에 꽃을 피웁니다. 형형색색의 꽃들은 가지가 성장을 멈췄다는 증거랍니다. 멈추지 않고 계속 자라기만 하면 풍성한 꽃도, 꽃이 진 자리에 달리는 튼실한 열매도 볼 수 없습니다. 욕심을 내면 조금 더 클 수 있다는 것도 알지만 어느 순간 약속이라도 한 듯 나무들은 자라기를 멈춥니다. 멈춤은 자신을 위한 약속인 동시에 주변 나무들과 맺은 공존의 계약인 셈입니다.…숲에는 틈이 있어야 합니다. 빽빽하게 나무가 들어선 숲은 울창해 보여 좋을지 몰라도 실상은 죽어가는 숲이라고 합니다. 가지를 마음껏 뻗기는커녕 숨 쉴 여유조차 없는 공간에서 나무들은 생존을 위해 치열한 경쟁을 벌이며 부족한 햇볕을 조금이라도 더 받기 위해 그저 위로만 치솟듯 자랍니다. 하지만 생존을 위해 경쟁하는 숲은 죽어갑니다. 햇볕이 바닥까지 닿지 않으니 온기가 부족해 어린 생명이 싹을 틔울 재간이 없습니다. 어린 나무와 풀꽃, 그들과 함께하는 작은 곤충들이 살아갈 공간이 생기지 않습니다. 겉으로 보기에는 좋을지 몰라도 그런 숲은 결국 희망이 없는 불임의 땅과 다르지 않습니다. 숲이 새 생명을 품을 수 있는 희망의 땅으로 거듭나려면 틈이 필요합니다. 어쩌면 멈춤은 틈을 내는 시간인 것 같습니다. 이 틈이 생명을 죽이는 틈이 아니라 생명을 살리는 틈이 되고, 단순히 공들여 쌓아왔던 것을 무너뜨리는 틈이 아니라 새로운 생명을 낳는 틈이 되기를 바랍니다."

4장

리오리엔트, 포스트-코로나의 핵심 징후

파랑, 평화-리오리엔트

오리엔탈리즘의 종언

코로나19 이후 엄청난 세계사적 변화가 일어날 것이다. 이번에는 사람들이 잘 말하지 않는 특별한 변화에 대해 살펴보려 한다. 나의 주장을 뒷받침하는 글을 먼저 소개한다. 한동대 정진호 교수가 3월 말에 "코로나19와 오리엔탈리즘의 종언"이라는 글을 「경북일보」에 기고했다. 나는 짤막한 이 글이 아주 중요한 통찰을 우리에게 던져준다고 생각한다.

여기서 말하는 "오리엔탈리즘"은 미국 뉴욕의 컬럼비아 대학교 교수였던 에드워드 사이드(Edward W. Said)가 1978년에 쓴 『오리엔탈리즘』(교보문고, 2007)에서 말하는 "오리엔탈리즘"이다. 서양이 동양을 바라보는 인식의 틀이 "오리엔탈리즘"이다. 오리엔탈리즘에 의하면 첫째, 서양은 우월하고 동양은 열등하며 둘째, 동양은 정적이고 게으른 데 반해 서양은 역동적이고 부지런하며 셋째, 그러한 동양을 구하기 위해 서양이 동양을 식민지화하는 것은 정당하다.

이러한 인식이 서양인들의 집단 심리에 내재해 있고, 그뿐만 아니라 동양조차 이러한 서양의 인식을 내면화했다. 지난 100년의 동아시아 역사는 이러한 열등의식이 추동한 결과였다. 그런데 이번 코로나19 팬데믹으로 인해 전혀 다른 세상이 열릴 것이라고 한다. 왜 그런가? 서구는 코로나19 앞에서 속절없이 무너지는데 그들이 무시했던 동양이, 그중에서도 중국과 한국이 코로나19를 더 잘 막아냈기 때문이다. 특히 한국은 전 세계로부터 코로나19 방역의 모범으로 칭송받으며 도움도 요청받고 있다. 정진호 교수는 자기 학생들에게 이렇게 말했다고 한다. "앞으로 코로나 이전과 전혀 다른 코로나 이후의 세계를 살아가게 될 것이다. 20세기를 통해 서구 사회가 지녀온 오리엔탈리즘이 종언을 고하는 중요한 상징적 사건이 될 수도 있다."

현재 상황을 돌아보자. 그동안 우리의 모델은 미국이었다. 물론 미국은 여전히 경제력·정치력·문화력 차원에서 가장 큰 영향력을 가진 세계 제일의 국가이기에 긴밀한 관계를 맺어야 하고 아직까지 배워야 할 것도 많다. 하지만 미국의 영향력도 점차 감소하고 있고 코로나19에 대처하는 모습을 보면 문제가 많음을 볼 수 있다. 10만 명의 사망자를 처음 넘어선 5월 28일 현재 미국의 코로나19 확진자는 174만 6천 311명이며, 사망자는 10만 2천 116명에 이른다. 확진자가 아니라 사망자가 자그마치 10만 명을 넘었다. 코로나19 팬데믹 상황의 미국은 정말 상상을 초월한다. 지금 미국인들이 이렇게 외치고 있다. "이게 나라냐!" 하지만 전문가들은 미국이 이렇게 될 것을 이미 예상하고 있었다고 한다. 미국은 병원조차도 영리 기업화하는 나라다. 당연히 공공 의료가 열악할 수밖에 없다. 미국인들은 돈이 되지 않는 건 절대 하지 않는다. 당연히 이익이 되지 않는 값싼 진단 키트도 만들 필요가 없다. 인공위성은 쏘아 올리는데 전기밥통은 만들지 못했던 소련처럼 최고의 의료 기술과 의료진을 보유하고 있는 미국이 코로나19를 막지 못했다. 전문가들은 미국이 코로나19 감염에 취약할 수밖에 없는 가장 기초적인 이유를 3가지 든다. 1. 미국 내 노숙자 56만 명. 그들은 위생 상태도 열악하고, 건강 상태는 안 좋으며, 더군다나 코로나19로 인해 공공시설을 이용하는 것도 불가능하게 되었다. 2. 의료 보험 미가입자 3,000만 명. 이번에 코로나19가 급속히 증가한 가장 큰 요인이라고 한다. 미국의 일반 시민들은 엄청나게 비싼 의료비 때문에 의료보험이 있어도 치료를 잘 받지 않는다. 그런데 의료 보험이 없는 사람들은 오죽하겠는가. 아파도 병원에 갈 수 없다. 병원을 가지 않는데 어떻게 확진을 받을 수 있고 전염병 확산을 차단할 수 있겠는가. 3. 고용주에게 유리한 노동법. 많은 사업장이 유급 병가가 의무화되어 있지 않다. 미국은 노동권이 가장 열악한 국가 중 하나다. 지면의 제약으로 더 이상의 자세한 설명은 생략한다. 단지 이것은 가장 기초적인 이유일 뿐 더 큰 문제가 있다는 것만은 말하고 넘어가야 하겠다.

코로나19 팬데믹 상황 아래 "조지 플로이드 사망 사건"이 터졌다. "위키백과"에 의하면, 조지 플로이드 사망 사건은 2020년 5월 25일(동부 표준시) 미국 미네소타주 미니애폴리스 파우더혼른에서 발생한 아프리카계 미국인 조지 페리 플로이드(George Perry Floyd)가 경찰에 의해 체포되던 중 질식사당한 사건이다. 행인들이 찍은 영상에는 플로이드 본인이 "숨을 쉴 수가 없다", "살려 달라"고 반복적으로 말했으며 행인들이 경관에게 플로이드가 숨을 쉬게 해달라고 요구했지만 그가 의식을 잃은 후에도 경관은 무릎으로 플로이드의 목을 짓눌러 호흡을 방해하는 비인간적인 행위를 했다. 이 장면이 영상에 담겼고 이 영상은 인터넷에서 빠르게 퍼져 방송에도 여러 차례 노출되었다. 이후 26일 오후부터 미니애폴리스에서 사건에 대한 시위가 발생했다. 경찰과 시위대의 무력 충돌이 발생하자 주방위군이 미니애폴리스에 배치되었다. 경찰도 아니고, 자국민을 지키기 위해 만들어진 군대가 시민들을 향해 총구를 겨누는 형국이 된 것이다. 도널드 트럼프 대통령은 무력을 행사한 시위대를 건달이라고 지칭하며 "약탈이 시작되면 총격이 시작될 것"이라는 글을 트위터에 게시했다. "약탈이 시작되면 총격의 시작" 발언은 1967년 흑인 인권 운동 당시 흑인 시위에 대한 폭력적 보복을 공언한 월터 헤들리 마이애미 경찰국장이 만든 문구를 인용한 것이다. 해당 트윗은 "폭력 미화 행위에 관한 트위터 운영 원칙"을 위반해 경고 딱지가 붙었다. 시위대 진압을 위해 주방위군을 배치하고, 시위대에게 인종차별적인 모욕을 한 트럼프의 대처는 많은 사람의 비난을 받았다.

조지 플로이드 사망을 둘러싼 항의 시위는 미니애폴리스에서 시작됐지만 6월 1일을 기준으로 미국 전역의 200여 개 도시와 전 세계 각지에서 동시다발적으로 벌어지고 있다. 흑인들만이 참여하는 것이 아니라 인종, 지역, 연령, 직업에 상관없이 많은 미국 시민이 항의 시위에 참여하고 있다. 이 항의 시위는 단지 인종 문제만으로 촉발되지 않았음을 보여준다. 항의 시위가 고질적인 인종 문제로 인해 발생한 것은 부인할 수 없지만 인종 문제가 방아쇠를 당겼을 뿐 그 기저에 더 깊은 문제들이 누적되어 있다가 이것을 계기로 분출된 것이다. 계급, 계층, 세대 간 불평등이 인종, 성별 간 불평등과 겹쳐 수많은 문제를 만들어내고 있는 곳이 미국 사회다. 코로나19로 인해 미국 사회의 시스템 자체가 가진 모순이 더욱 첨예하게 드러나면서 미국 시민들은 단지 인종 문제만이 아니라 그 아래 있는 더 깊고 거대한 시스템의 문제를 보게 된 것이다. "이게 나라냐!"라고 외치고 싶은데 조지 플로이드 사망 사건이 터진 셈이다. 만약 조지 플로이드 사망 항의 시위가 단지 플로이드를 죽음에 이르게 한 백인 경찰, 시민들을 과잉 진압하고 있는 공권력, 그리고 백인들을 향한 분노에 의한 것이라면 이 시위 이후에도 미국 사회에는 아무런 변화가 일어나지 않을 것이다. 앞 장에서 말한 것처럼 대공황 직전과도 같은 거대한 불평등과 근대 자본주의 사회 모델이 가지는 근본적인 한계, 즉 서방 문명의 한계를 볼 줄 알아야 한다. 코로나19는 미국 시민들에게 그것을 보여주고 있다.

하여 이러한 미국 모델의 한계를 미리 인식한 많은 사람이 한국이 이제 유럽에서 배워야 한다고 입을 모아왔다. 유럽의 깊이 있는 문화와 유럽 연합의 단일한 정체성 그리고 경제력과 복지 시스템을 배워야 한다고 말했다. 하지만 이번 코로나19 팬데믹 상황에서 유럽도 무너졌다. 초반부터 스페인과 이탈리아 확진자 수가 전 세계 2, 3위였다. 스페인은 유럽에서 후진국에 속하기 때문이라고 치자. 그런데 프랑스와 독일도 만만치 않다. 둘 다 확진자수가 초반에 10만 명을 넘었다. 유럽의 높은 수준의 문화와 복지 시스템이 허망하게 무너졌다. 그래서 사람들은 북유럽에 관심을 가졌다. 나도 지금까지 북유럽과 같은 복지 국가를 이루어야 한다고 말해왔다. 북유럽은 아직까지 공동체 정신이 살아 있는 나라이기에 더욱 주목했다. 하지만 북유럽도 이번에 그다지 좋은 모습을 우리에게 보여주지 못했다.

도리어 사람들은 중국과 한국에 주목했다. 중국은 일당 체제이기 때문에 나라 전체를 전면적으로 통제할 수 있었다. 우한을 통채로 봉쇄해버렸다. 첨단 IT 인프라와 그동안 갖추어온 전 국민 감시 시스템인 톈왕(天網) 시스템을 가동해 코로나를 조기 종식시킬 수 있었다. 이것이 서구 사회가 견지해온 자유 민주주의 시스템에 대한 심각한 도전으로 나타날 것이라고 전망하는 학자들이 있다. 반면에 한국은 중국과 달리 투명한 정보 공개와 자율적 민주주의 시스템을 유지한 채 코로나19를 효과적으로 통제해 전 세계적으로 주목받고 있다. 오리엔탈리즘으로 동양을 무시했던 북미와 유럽이 도리어 중국과 한국을 경이롭게 바라보는 이 전 세계적인 역전 현상은 그동안 1997년 IMF 사태와 2008년 금융 위기 등을 겪으면서 이제 세계 역사 속에 서구와 동구의 한계, 좌파와 우파의 대립적인 역사의 한계, 한마디로 서방의 한계가 드러났다는 평가를 그대로 보여주고 있다.

자유·평등·우애의 한계

서방의 핵심 사상은 "자유, 평등, 우애"다. "인간과 시민의 권리 선언"((Déclaration des droits de l'Homme et du citoyen)에 의하면, "자유는 타인에게 해롭지 않은 모든 것을 할 수 있는 속인적 권리다." 이 권리가 가장 중요하고 기초가 되는 권리이다 보니 코로나19 팬데믹 사태 속에서도 유럽 시민들은 강아지를 데리고 외출하면서 자유를 주장하고 미국에서는 자유를 억압하는 행정 조치와 경제 활동 제재를 풀라고 데모를 하고 있다. 또한 "평등이란, 보호를 제공함에 있어서도 처벌을 가함에 있어서도 법은 모든 인간에 대해 동일하다는 것이다. 출생에 의한 어떠한 차별도 권력의 어떠한 세습도 허용되지 아니한다." 유럽은 복지 국가 모델을 통해 실험하고 있고 신자유주의를 추구하는 영미는 가장 양극화가 심한 국가들로 악명이 자자하다. 서방의 역사는 자유와 평등을 성취하기 위한 역사였다. 하지만 자유를 추구하는 세력과 평등을 추구하는 세력 간의 반목과 갈등 그리고 동서 냉전은 인류의 비극적인 단면을 보여주었다. 더군다나 현실 사회주의의 몰락 이후 불평등을 억제할 방지 턱 혹은 브레이크가 전무한 상태인 것 같다. 마지막은 "우애"다. "박애"라고도 하고 "연대"라고도 하는데, 자유와 평등의 실현과 유지를 위해 싸우는 모든 사람에 대한 사랑을 의미한다. 우애는 다음과 같이 정의된다. "자기가 바라지 않는 것은 남에게도 행하지 말고, 항상 자신이 원하는 선한 일을 남에게 베풀어야 한다." 어떤 사람은 이것이 서방에서 아직 이루어지지 않은 가치라

고 말한다. 자유와 평등을 추구했던 서구의 한계를 극복하는 가치가
될 것이라고 말하기도 한다. 하지만 여기서 말하는 우애라는 것도 저
마다 자유를 추구하다가 발생하는 갈등을 해결하는 방편 이상이 아님
을 알 수 있다. 우애만으로 코로나19 팬데믹에 대처한다는 것은 분명
한 한계를 보일 수밖에 없다. 현재 유럽의 상황은 그것을 분명하게 드
러내고 있다.

　이처럼 서방 사회의 기저에 "자유주의"가 있다. 자유가 최고의
가치다. 이렇게 자유의 가치가 실현되면서 만들어진 사회가 "다원화
사회"다. 가장 발전된 사회 이론으로서 다원화 사회를 제시하고 있는
책이 『나와 타자들』(민음사, 2019)이다. 이 책을 쓴 이졸데 카림(Isolde
Charim)은 개인주의를 하나로 보지 않고 1세대, 2세대, 3세대로 나누
어 분석한다. 먼저 1세대 개인주의는 1800년대의 민주화 그리고 민족
형성과 함께 등장한다. 1세대 개인주의는 민족 국가 안에 있는 "보편
적 개인" 개념을 처음으로 창조했다. 신분을 넘어 모두가 "보편적 개
인"으로서 국민 국가 내에서 동일한 투표권을 가진다. 두 번째로 2세
대 개인주의는 1960년대 유럽의 신사회 운동과 함께 등장한다. 68혁
명에 의해 촉발된 신사회 운동은 과거처럼 계급 중심의 의제가 아닌
흑인 운동, 여성 운동, 반전 운동, 환경 운동과 같이 정체성과 관련된
다양한 의제들을 제시했다. 정체성 정치는 "개인적인 것이 정치적인
것이다"(The personal is political)라는 구호처럼 공인과 사인 사이에 있
던 구별을 걷어내려는 시도였다. 여기서 민족 국가가 권위적으로 부
여했던 민족이라는 정체성은 축소되고, 개인은 흑인, 여성, 소수자 등

각자 자신의 정체성을 내세우게 된다. 마지막으로 3세대 개인주의는 "다원화 그 자체"다. 3세대 개인주의는 2세대 개인주의보다 정체성의 축소가 더 심화된다. 현대 민주주의의 주체는 민족이라는 구체적 형상에서 개인적 정체성으로, 그리고 개인적 정체성에서 텅 빈 자리로 바뀌게 되었다. 3세대 개인주의의 특징은 "감소된 주체" 혹은 "축소된 자아"다. 사람들은 텅 빈 정체성의 자리를 가지고 모든 사안에 1/n로 참여한다. 이로 인해 현대인들은 모든 사안에 대해 어느 정도 혼란과 불안을 느끼게 된다. 카림은 이것이 "다원화 사회"의 모습이기 때문에 이를 긍정적으로 받아들여야 한다고 말한다.

현실에서 이런 다원주의에 대한 방어적인 반응이 크게 두 가지로 나타난다. 하나는 우파 쪽의 방어적 반응인데 유럽과 미국에서 기승을 부리고 있는 우파 포퓰리즘이고 다른 하나는 좌파 쪽의 방어적 반응인데 "정치적 올바름(Political Correctness, PC)"을 주장하는 것이다. PC는 말의 표현이나 용어의 사용에서, 인종·민족·종족·종교·성차별 등의 편견이 포함되지 않도록 하자는 주장을 나타낼 때 쓰는 말이다. 요즘은 정치적 올바름의 과잉이 문제가 되고 있다. 조금만 말실수를 해도 사퇴하라고 압력을 가한다. 말 한마디 잘못한 걸 가지고 그의 인생 전체를 매도해버리곤 한다. 이런 정치적 올바름에 대한 세 가지 비판이 있는데 첫째는 피터슨(Jordan B. Peterson)을 대표로 하는 우파의 비판이고, 둘째는 마크 릴라(Mark Lilla)와 같은 자유주의자의 비판이다. 세 번째 비판은 계급을 중시하는 좌파의 비판이다. 이걸 여기서 자세히 살펴볼 수는 없다. 다만 나는 이쯤에 카림이 이 세 가지를 넘어서 나아가야 할 방향에 대해 제시한 대안에 대해 말하고자 한다.

이졸데 카림은 텅 빈 정체성의 자리를 가진 "감소된 주체" 혹은 "축소된 자아"들이 바람직한 다원화 사회를 만들려면 요즘 유럽에서 핫한 "만남 구역" 같은 사회를 만들어야 한다고 말한다. "만남 구역"은 보행자와 차량과 자전거가 공존하는 특별 구역이다. 시속 20km의 제한을 두고 경사가 진 도로 혹은 곡선형 도로, 좁은 도로폭 등의 구조를 만들어 인도와 차도의 구분 없이 보행자와 차량 그리고 자전거가 자유롭게 공존하도록 만들었다. 시속 20km의 제한 외에 어떤 규칙도 없기 때문에 자칫 무질서할 수 있지만 서로 불편을 감수하면 자유로우면서 아름다운 질서가 만들어진다고 한다. 다원주의 사회는 "만남 구역"에서 보행자와 차량 그리고 자전거가 만나는 것처럼 "감소된 주체"로서 만난다. 만남 구역에서 사람들은 스스로를 "하나의 감소가 추가되는 존재"로 경험한다. 감소의 추가는 자기 정체성이 타인의 정체성에 의해 제한된다는 뜻이다. 이처럼 다원화된 주체들의 결합은 그들이 서로서로 경험하는 빠짐 혹은 공제 속에 존재한다. 다원화 사회는 함께하는 하나의 사회를 약속하지 않는다. 감소가 유일한 약속이다. 즉 사회는 서로 다른 다양한 존재들의 감소를 통한 결합을 의미한다. 이것이 바로 다원화의 공식이다. 다원화 사회 안에서 각자의 차이를 유지하면서 동등하게 "감소된 주체"들이 만남과 결합을 통해 서로에게 영향을 주는 사회를 만들 수 있다.

솔직히 결론을 읽고 나서 굉장히 허무했다. 물론 개인의 주체화라는 측면에서는 우리 역시 제3세대 개인주의로 나아가야 한다는 것은 인정한다. 하지만 과연 텅 빈 정체성의 자리를 가진 "감소된 주체" 혹은 "축소된 자아"들이 "만남 구역" 같은 사회를 꿈꾸기나 할까? 만남 구역을 가능하게 하는 최소 조건인 시속 20km의 제한을 "감소된 주체"들이 어떻게 만들 것이며 누가 그걸 인정할까? 감소된 주체같이 텅 빈 자아의 모습으로 살아가는 삶에 진정한 만족을 가질 수 있을까? 고체 같은 안정성과 액체 같은 유연성이 아닌 기체 같은 가벼움만 있는 자아를 사람들이 잘 견뎌낼 수 있을까? 기체 같은 정체성만이 아니라 상황에 따라 고체, 액체, 기체로 형질 전환(transformation)할 수 있는 역량이 더 중요한 건 아닐까? 모두가 각자의 의견을 가지고 1/n로 만나는 것이 개인의 자유를 보장해줄지는 몰라도 그런 자아들이 사사건건 부딪치는 공동체를 과연 건강하다고 말할 수 있을까? "만남 구역" 안에서나 자유로운 자아들이 코로나19 팬데믹이라는 위기 상황에서 질서를 지킬 수 있을까? 한 개인보다 더 큰 무엇을 위해 헌신하는 삶을 살아본 적 없는 자아들이 과연 코로나19 팬데믹을 헤쳐나갈 수 있을까? 텅 빈 정체성의 자리를 가진 "감소된 주체" 혹은 "축소된 자아"들은 이런 전대미문의 재난을 극복하기에는 지나치게 허약한 건 아닐까? 이런 자아들이 만나는 "만남 구역"에서 무언가를 위해 생명을 다해 헌신하도록 하는 "맹세"라는 것이 가능할까? 맹세할 수 없는 자아가 과연 삶의 진정성을 누릴 수 있을까? 그런 공동체는 과연 안전함을 제공할 수 있을까? 진정성 없이 살아가는 주체들로 이루어진 "다원화 사회"가 결국 쇼비니즘(chauvinism, 극단적 애국주의)이라는 반작용을 불러내고 있는 건 아닌가? 역으로 진정성의 부재가 스노비즘(snobbism, 속물주의)을 확산시키고 있는 것은 아닌가? 결국은 자유주의의 한계가 지금 코로나19 앞에서 적나라하게 드러나고 있는 건 아닐까?

한국이 코로나19 방역에 성공한 이유는?

한국이 어떻게 방역에 성공했는가에 대한 해석 투쟁이 뜨거웠다. 도대체 성공적인 방역의 원인이 뭘까? 이에 대한 아주 중요하고 흥미로운 기사가 나왔다. "코로나19가 드러낸 한국인의 세계-의외의 응답 편"이라는 제목으로 시사 잡지 「시사IN」에 나온 기사다. 「시사IN」과 KBS는 코로나19 이후의 한국 사회를 조망하는 사회 조사를 공동으로 기획했다. 해결해야 할 질문이 많았으므로 문항을 대규모로 써야 했다고 한다. 여론 조사 전문 기관 한국리서치의 웹조사를 이용했다. 여론 조사의 결과는 놀라웠다. 일반적인 평가와 너무 달랐기 때문이다. 아주 중요한 기사이기에 이 기사의 내용을 소개한다.

초창기에 서방 언론은 중국의 주장에 대한 반례로 한국을 내세웠다. 중국은 방역을 일종의 체제 경쟁으로 받아들였다. 재난 상황에서는 유약한 민주주의보다 단호하고 유능한 권위주의가 더 낫다는 것을 보여주려고 했다. 2월 26일 관영지인 「인민일보」 논평은 이렇게 쓴다. "중국 특색 사회주의가 이 전쟁에서 이길 중요한 제도적 보장이며, 세계적인 방역 전쟁에도 귀중한 노하우다." 이렇게 나오자 서방 언론은 한국을 추켜세웠다. 한국은 개방성과 투명성을 무기로 방역에 성공한 모델 국가였다. 3월 11일자「워싱턴포스트」에 칼럼니스트 조 로진이 올린 논평 제목은 "민주주의가 코로나19에 맞설 수 있다는 걸 한국이 보여줬다"이다.「뉴욕타임스」, BBC 등 주요 서방 언론의 논조 도 이와 비슷했다. 이 시기는 서방 주요 선진국들이 코로나19를 "동아시아의 문제"로 한 발 떨어져서 보던 때다.

이후 코로나19가 유럽과 미국을 휩쓸기 시작한다. 이제 미묘한 문제가 생긴다. 한국이 민주적 개방성과 투명성 덕분에 성공했다는 해석을 고수하면, 미국과 유럽이 그에 못 미친다는 뜻이 된다. 이때부 터 한국의 방역 성공을 "감시 국가", "통제 사회", "동아시아적 집단 주의" 등으로 설명하는 시도가 일각에서 등장한다. 한국을 중국의 라 이벌 모델이 아니라 큰 틀에서 "중국 모델"로 묶어 설명하는 담론이 등장한다. 권위주의, 집단주의, 개인 자유를 침해하는 강한 정부 등이 핵심 속성이다. 그 반대편에 서구 문명이 있는데, 이들은 개방적이고 시민 자유를 중시하며 정부를 끝없이 의심하는 사회다. 그렇기 때문 에 감염병 대응에는 취약하지만, 그것은 더 중요한 가치를 지키기 위 해서다. 4월 27일 기 소르망(Guy Sorman)의 인터뷰는 거물급 지식인 이 이런 맥락에서 한국 방역을 평가한 중요한 자료다. 기 소르망은 프 랑스가 자랑하는 석학이다. 거시적인 문명비평으로 이름이 높고, 한 국에도 그의 저서 여러 권이 출간돼 있다. 그는 4월 27일에 프랑스 주 간지「르푸앵」과 인터뷰하면서 이런 말을 했다. "유교 문화가 선별적 격리 조치의 성공에 기여했다. 한국인들에게 개인은 집단 다음이다."

한국이 방역에 성공한 이유가 정부 말을 고분고분 잘 듣는 국민성 덕분이라는 얘기인데, 유럽이나 미국은 정부 말에 순응적이지 않은 주체적인 국민이라서 방역에 어려움을 겪는다는 뜻도 된다.

기 소르망의 주장은 과연 옳을까? 「시사IN」과 KBS 그리고 한국리서치의 공동 조사 결과는 기 소르망이 틀렸음을 분명하게 보여 준다. 여론 조사는 방역 참여 태도에 영향을 미칠 것이라고 예상 가능한 변수를 최대한 많이 검토했다. 권위주의자와 자유주의자 중 누가 더 방역에 적극 참여할까? 개인주의자와 집단주의자는? 정치 성향상 우파와 좌파는? 순응적 성향이 강한 사람과 약한 사람은? 공감 능력이 높은 사람과 낮은 사람은? 다른 사람을 도우려 하는 성향과 그렇지 않은 성향은? 결과를 알고 보면, 기 소르망의 주장은 틀렸다. 권위주의 성향은 방역 참여 점수와 통계적으로 유의미하지 않았다. 순응적인 성향도 방역 참여 점수와 통계적으로 유의미하지 않았다. 집단주의 성향도 마찬가지로 나왔다.

그렇다면 방역에 참여하는 정도를 결정하는 무언가 다른 요인이 있다는 뜻이다. 크게 두 가지다. 첫째는 "민주적 시민성"이다. 이 항목에서 높은 점수를 받은 사람들일수록 방역에 적극 참여하는 경향이 통계적으로 확인됐다. 둘째, "수평적 개인주의" 성향이 강할수록 방역 참여에 더 적극적이다. 민주적 시민성이라는 게 대체 뭘까? 민주적 시민성이 높은 사람은 개인주의 성향이 강한데도 불구하고 뚜렷하게 공동체 지향이 강하다. 민주적 시민성이 높은 사람은 집단주의자나 권위주의자와도 구별되고 개인주의나 자유주의로 온전히 설명하기도 어렵다. 개인주의 대 집단주의, 자유주의 대 권위주의. 이것은 우리에게 익숙한 이분법이다. 민주적 시민성은 이런 이분법으로 잘 포착되지 않고, 둘을 적당히 섞어놓은 절충과도 다르다. 민주적 시민성은 둘의 절충이 아니라 제3의 꼭짓점이다. 그것은 "자유로운 개인인 동시에 공동체에 기여하고자 하는 시민"을 뜻한다. 이들은 개인이 자유롭기를 바라지만, 좋은 공동체 안에서만 진정으로 자유로운 개인이 가능하다고 믿는다. 그래서 좋은 공동체를 만드는 데 시간과 노력을 들인다. 좋은 공동체를 만드는 데 강하게 의무감을 느끼므로, 자신처럼 하지 않는 동료 시민들을 무임승차자로 간주하며 싫어하는 성향도 강하다. 그러니 마냥 이타적인 시민과도 다르다. 우리는 어쩌면 잘못된 질문을 던지고 있었는지 모른다. 한국 방역의 성공을 두고 등장한 해석 투쟁은 대체로, 익숙한 이분법 위에서 둘 중 하나를 고르는 논쟁이었다. 그런데 데이터는 아예 이런 이분법을 뛰어넘는 곳에 답이 있다고 암시한다. 공동체 지향적인 개인주의자, 공공재 생산에 기여할 의지를 가진 시민, 무임승차자를 처벌하고 싶어 하는 자유주의자. 이런 사람은 한 단면만 보아서는 권위 순응형 인간으로도 보이고, 반대편에서 보면 공동체 자체에 무관심한 자유주의자로도 보인다.

이 기사에 나오는 "민주적 시민성"이 뭘까? 나는 이것을 서방과 동방의 통합에서 나온 시민성이라고 본다. 이러한 면에서 나는 박가분 작가의 분석이 매우 중요하다고 본다. 그는 페이스북에 이렇게 썼다. "동아시아 문명권은 공동체를 유지하고 도덕적으로 교화하는 원리로서 '예'를 중시했다. 자유-평등이라는 공민권이 제도에 도입된 이후에도 예의는 여전히 시민 사회 내에서도 중요한 사회적 결속 기제로 작동한다. 여기서 예의란 상대방의 입장을 헤아려 행동을 삼가는 것을 의미한다. 통념과 달리 이것은 일방적인 원리가 아니라 상호주의적인 원칙이다. 가령 군신과 사제지간에도 상호 예의를 지켜야 한다. 반면 서구 사회에서 자유-평등을 보충하는 원리는 '우애'였다. 하지만 이 우애로는 코로나19의 확산을 막지 못했다. 도리어 그것을 확산하는 중요한 통로가 되었다.…가령 우리는 대량의 사망자가 나온 상태에서 아무런 대책 없이 길거리를 쏘다니는 건 '무례하다'고 생각한다. 하지만 외출 금지령에도 불구하고 애완견을 데리고 태연히 산책을 나오는 서구인에게 이런 개념은 생소한 것 같다. '이렇게 날씨가 좋은데 어떻게 나가지 않을 수 있느냐, 우리는 모두 따뜻한 햇볕을 즐길 권리가 있다'라는 식이다. 이들에게 상황의 심각성을 인식시키기 위해 급기야 위정자들이 자국 시민들에게 폭언까지 해야 하는 낯 뜨거운 상황이 도래했다. 우리 입장에서 그야말로 나라꼴이 말이 아닌 상황이다.…이처럼 코로나19 사태는 '미국은 그렇다 해도 (서)유럽은 동경해도 괜찮다'는 콤플렉스를 다시 한 꺼풀 벗겨낸 계기가 되었다고 해도 좋다. 서구와 동아시아 문명의 차이는 단순히 '마스크'를 쓰느냐에 있는 것이 아니다. 마스크 이면에는 '예의'의 문제가 개재되어 있다. 한마디로 서구 사회는 '우애'라는 개념은 있어도 타인에 대한 '예의'라는 개념이 상대적으로 희박한 사회는 아닐까 한다." 한마디로 이번에 코로나19를 효과적으로 관리할 수 있는 힘이 동방 문명에 있었다는 말이다.

리오리엔트의 도래

정진호 교수와 박가분 작가의 글, 그리고 「시사인」의 기사는 "코로나19 이후"가 어떤 모습이 될지를 징후적으로 보여준다. 그동안 우리를 포함해 동아시아는 "탈아입구"(脫亞入歐), 즉 아시아를 벗어나 서구를 닮으려 했다. 그런데 코로나19를 통해 서구와 동구의 한계, 좌파와 우파의 대립적인 역사의 한계, 한마디로 서방의 한계가 적나라하게 드러나고 있다. 따라서 "코로나19 이후"의 사회는 서구와 동구의 장점, 좌파와 우파의 장점을 통합하는 사회일 뿐 아니라 서방의 한계를 극복하고 "동방의 전통"을 수용할 수 있는 세상이 될 것이다.

　그러한 면모를 좀 더 잘 파악하기 위해 유라시아와 동아시아 역사를 연구하는 역사학자 이병한의 글들을 읽었다. 역시 세계사에 대한 새로운 시각을 열어주는 글들이다. 특히 구한말 서세동점의 시대에 서구를 맹종했던 "개화파"도 아니고 동방을 지키려고만 했던 "척사파"도 아닌 양쪽을 아우르려고 했던 "개벽파"의 흐름을 다시 회복하고자 하는 그의 글들은 압권이었다. 그의 주장 중 가장 중요한 키워드라고 생각되는 단어를 하나 붙잡았다. 바로 "리오리엔트"다. 리오리엔트는 이미 세계체제론자 중 유럽 중심주의를 비판하는 학자들에 의해 주장되는 화두다. 그중 안드레 군더 프랑크(Andre Gunder Frank)가 쓴 『리오리엔트』(이산, 2003)는 아주 중요한 책이다. 성공회대 NGO대학원 NGO학과에서 공부할 때 김민웅 교수에게 "세계체제론"을 배웠다. 그때 소개된 책 중 하나가 『리오리엔트』다.

『리오리엔트』의 내용을 소개하기 전에 기본적인 세계체제론의 주장을 요약해보자. 기원후 3세기에 비잔틴, 라틴, 슬라브, 이슬람, 투르크 등이 균형을 이루었지만 변방의 침입으로 인해 로마의 토대가 무너지는 혼란의 시기를 맞는다. 이에 라틴(종교)과 게르만족(왕권)이 중심이 되어 북부 유럽에서 "봉건체제"가 형성된다. 봉건체제는 유럽의 혼란을 막으려는 새로운 대안이었다. 이 체제는 11세기에 안정화를 이룬다. 반면 유럽 남부는 상대적 자유를 얻어 도시 국가가 형성된다. 봉건체제가 형성되고 그것을 유지하고도 남는 군사력이 생긴 라틴은 강력해진 이슬람 세력을 견제하고자 전쟁을 일으키는데 그것이 "십자군 전쟁"이다. 이때 발달한 이슬람 문명과 중국 문명에 유럽은 큰 충격을 받고 교역이 이루어지면서 상권이 형성되었다. 그리하여 봉건체제-이슬람체제-중화체제를 잇는 벨트가 형성된다. 당시 유럽에는 이슬람 벨트를 통해 인도와 중국에 가면 부자가 된다는 생각이 지배적이었다. 이때 마르코 폴로(Marco Polo)가 이 벨트를 통해 동방을 여행한다. 그는 베네치아 출신인데 제노아 감옥에서 『동방견문록』을 썼고 제노아 출신인 콜럼버스가 이 책을 가지고 인도를 향해 배를 탔다. 도착한 곳이 인도가 아니라 미 대륙이었지만 말이다. 이 벨트가 없었다면 콜럼버스도 없고 미 대륙의 역사도 없다.

아담 스미스(Adam Smith)의 『국부론』에서 정말 중요한 내용은 세계 체제에 대한 큰 그림을 보여주고 있다는 데 있다. 아담 스미스는 『국부론』에서 1492년 콜럼버스(스페인)가 미 대륙을 발견한 사건과 1498년 바스쿠 다 가마(포르투갈)가 남아프리카 희망봉을 회항한 두 개의 사건을 자본주의의 큰 전환점으로 보고 있다. 마르크스는 이 두 사건에 대해서 이렇게 말했다. "그것은 곧 현장에 있는 사람들의 비극의 시작이었다." 아담 스미스는 이것을 "말할 수 없는 부정의 역사"라고 말했다.

1453년 오스만 튀르크의 콘스탄티노플 정복은 역사의 분기점이다. 동방 이슬람이 동방과 서방의 연결 고리를 끊어버렸다. 이에 스페인과 포르투갈은 다른 방향으로 자본 축적을 추구하게 됐다. 스페인과 포르투갈 모두 인도를 향해 가는 길이었는데 방향이 달랐다. 포르투갈은 희망봉을 넘어 이슬람 세계와 부딪히게 되었다. 자유무역지역에 전쟁을 일으킴으로 "인도양 시스템"을 만들었다. 포르투갈은 희망봉을 넘어 인도양을 거쳐 일본에 문물을 전한다. 1542년에 포르투갈에 의해 상거래, 천주교, 총포가 전해진다. 바로 이 힘이 1592년 임진왜란 때 일본이 중화체제를 이룬 당나라를 이길 수 있는 힘이었다. 또한 조선이 속수무책으로 패전할 수밖에 없었던 요인이다. 스페인은 콜럼버스가 미 대륙을 발견함으로써 북미 쪽으로 손을 뻗게 되었다. 마야, 잉카 문명이 이때 소멸되었다. 고립된 문명이 외부의 침입을 견디지 못한 것이다. 이렇게 형성된 것이 "태평양 시스템"이다. 스페인을 통해 형성된 "태평양 시스템"은 서진하여 일본에 다다르게 되고 일본을 교두보로 아시아를 식민화시키려 한다. 인도양 시스템이 일으킨 전쟁이 "아편전쟁"이며, 태평양 시스템이 만들어낸 것이 "메이지 유신"이다. 이 두 시스템이 충돌한 사건이 바로 "청일전쟁"이다. 청일전쟁에서 일본이 승리한 것은 결국 세계의 헤게모니가 미국으로 넘어

갔음을 단적으로 보여주는 사건이다.

이 간단한 요약을 보며 느낀 점이 있을 것이다. 세계사가 철저히 유럽 중심으로 쓰였다는 점이다. 우월한 유럽이 미개한 동양을 문명화했다는 패러다임이 작동한다. 이러한 시각으로 동양을 바라보는 것이 "오리엔탈리즘"이다. 자본주의의 탄생, 서양의 발흥, 유럽이 주도하는 세계 경제로 통합된 아시아, 서양의 합리주의와 동양의 신비주의, 문명화의 사명 등 수많은 담론이 여기서 유래한다. 우파의 스타인 막스 베버뿐 아니라 좌파의 스타인 카를 마르크스도 "붉은색으로 분장한 오리엔탈리즘"을 주장했다. 하지만 이건 철저히 허구이자 이데올로기다. 『리오리엔트』에 의하면 1400-1800년의 세계 역사가 너무 중요하다. 1800년대부터 나타나는 서양의 발흥, 서세동점 그리고 제국주의 역사를 가능하게 만든 유럽 근대 자본주의의 우월성을 보여주기 위해 1400-1800년의 역사가 유럽 중심주의로 해석되기 때문이다. 안드레 군더 프랑크는 이런 해석에 수많은 자료를 제시하며 반기를 든다. 자세한 이야기는 생략한다. 너무 방대한 내용이기 때문이다. 간단하게 요약하자면 이렇다. 유럽인이 무언가를 행하고 발언하기 훨씬 이전부터 계속되어온 세계 경제라는 것이 진작부터 있었다. 무엇보다 아시아, 특히 중국과 인도, 나아가 동남아시아와 서아시아가 1800년 이전까지만 해도 유럽보다 더 활동적이었고 또 세계 경제에서 차지하는 비중이 훨씬 컸다. 중국의 명/청, 오스만 튀르크 제국, 인도 무굴 제국, 페르시아 사타비 제국은 막강한 정치력과 경제력을 자랑하며 세계의 중심 역할을 했다. 세계 체제의 중심은 아프로-유라시아(Afro-

Eurasia)였고 그중 단연 돋보인 건 중국(중국을 넘어선 중화체제)이었다. 유럽은 오히려 세계 체제 안에서는 변방에 불과했다. 유럽은 신대륙의 화폐(은)로 아시아 열차에 오르는 승차권을 샀을 뿐이다. 유럽은 18세기 후반이나 19세기 초반에 와서야 아시아를 위협하는 신흥공업 경제지역(NIES)으로 올라섰다. 세계 경제의 중심축이 유럽으로 이동한 것은 그 이후부터다. 아시아의 과도한 인구 성장과 경제 성장이 도리어 기술 개발의 인센티브를 약화시켰고 양극화가 극에 달하면서 경제 침체를 가져왔고 콘드라티예프 "A"국면(상승국면)이 끝나고 "B"국면(하강국면)으로 접어들면서 아시아의 지위는 저발전의 인센티브가 작동하여 산업 혁명을 이룬 유럽으로 옮겨지게 되었다. 이처럼 서방이 동방을 앞선 건 길게는 지난 200년이고 짧게는 지난 100-150년이다. 하지만 지금 다시 동방이 일어서고 있다. 중국, 인도, 대만, 싱가폴, 한국, 동남아시아 등 동방 국가들이 신흥공업경제지역으로 다시 올라섰다. 지금 이 시대는 "동방 르네상스"의 시대가 될 것이다. 유라시아가 다시 역사의 새로운 중심이 될 것이다. "리-오리엔트"의 시대가 도래했다. 이제 "반전(反轉)의 시대"다.

　　구한말 우리가 어떻게 나라를 잃게 되었는가? 중화체제는 조봉-책봉 시스템으로 이루어졌는데 이 체제에 충격을 가한 사건이 바로 1840년 아편전쟁(난징 조약)이다. 혼란의 틈을 타 홍수전의 "태평천국"이 1851-1864년까지 난을 일으켰다. 또한 영국과 프랑스는 애로호 사건을 빌미로 1860년에 제2차 아편전쟁을 일으킨다. 이때 베이징 조약을 통해 베이징과 상하이를 내놓았다. 제국들이 처음에는 태평천국을 이용하여 청국을 분할하려다가 제2차 아편전쟁에서 얻은 것이 많다 보니 청국을 안정화시키려고 하여 청과 손잡고 태평천국을 탄압했다. 이후 중국에서는 양무운동이 일어나는데 이는 두 번의 아편전쟁과 태평천국을 거치면서 서양과 손을 잡게 된 지배 엘리트의 운동이라고 할 수 있다. 반면 일본은 1853년 페리호가 입항하면서 미일화친조약을 맺고 1868년 메이지 유신을 겪는다. 메이지 유신은 막부의 번에서 인물들이 나오고 그들이 이루어낸 체제다. 이후 일본은 눈부신 발전을 경험한다.

일본은 미일 화친조약 후 약 30년, 메이지 유신 후 약 15년이 지나면서 엄청난 변화를 통해 제국주의적 확장을 꾀하고 한국에 막대한 영향력을 발휘한다. 한미수호조약(1882년)은 누가 주도했을까? 바로 청이다. 청이 미국을 끌어들였다. 청은 미국을 통해 일본을 견제하려 했다. 중국은 이미 아편전쟁을 통해 유럽에게 남중국이 뚫렸기에 일본을 통해 만주(북방)마저 침범당하면 안 되기 때문에 일본을 견제할 수밖에 없었다. 반대로 일본이 조선을 필요로 하는 이유는 유서가 깊다. 나당연합, 고려몽골연합, 청과 광해 등 계속해서 중국에게 괴롭힘을 받던 일본은 청이 조선을 병참 기지로 삼고 일본을 침략할지도 모른다는 위험을 안고 있었다. 동시에 구한말에는 영국, 프랑스, 독일이 3자 동맹을 맺고 한국을 식민지화하려 했다. 이때 영국이 빠지게 되는데 그 이유는 러시아를 견제해야 했기에 일본이 약해지기를 바라지 않았기 때문이다. 영국이 독일을 끌어들이면서 러시아, 독일, 프랑스 등 3국 개입이 이루어졌다.

1882년에 임오군란이 일어나고 청은 대원군을 인질로 잡아간다. 이후 개화파가 1884년에 일본의 지원을 힘입어 우정국에서 갑신정변을 일으킨다. 개화파는 일본의 모델(메이지 유신)을 추구했지만 실패하고 만다. 이로 인해 일본과 청은 "텐진조약"을 맺고, 양국 군을 철수하지만 한쪽이 출병하면 동시 출병할 수 있도록 했다. 갑신정변의 실패는 내부적 역량으로 근대화와 개혁이 불가능해졌음을 의미하며, 결국 민중이 일어나 동학 혁명을 일으킨다. 동학 혁명은 민중이 일어나 내부 변혁을 꾀한 한국 역사의 자랑스러운 혁명이지만 이를 통해 외세의 간섭을 불러일으켰다. 동학군은 일본이 개입하려 하자 전주화약을 맺어 평화 무드를 조성했다. 개입의 명분이 사라지자 일본은 아예 "청일전쟁"을 일으킨다. 청일전쟁은 일본의 근대화 전략 모델이 근대화를 이루지 못한 중국을 이긴 전쟁이자 동아시아의 주도권이 일본으로 옮겨지는 전쟁이었다. 또한 인도양 시스템과 태평양 시스템의 충돌에서 태평양 시스템의 승리를 의미하는 전쟁이기도 했다. 그러나 일본이 만주 쪽으로 세력을 확장하려는 것을 견제하려는 러시아 때문에 3국 간섭(러시아, 프랑스, 독일)이 이루어져 일본이 주도권을 잃게 된다. 이렇게 일본과 러시아는 불편한 관계가 지속되다가 결국 "러일전쟁"으로 비화된다. 놀랍게도 섬나라 일본이 대제국 러시아를 이긴다. 러일전쟁은 표면상으로는 한국과 만주의 분할을 둘러싼 러시아와 일본 간 싸움이었지만, 그 배후에는 영-일동맹, 미국의 일본 지원, 러시아-프랑스동맹이 복잡하게 얽혀있던 제국주의 전쟁의 전초전에 해당한다. 러일전쟁의 결과 패전국 러시아에서는 혁명 운동이 진행됐으며, 전승국 일본은 한국에서의 지배권을 확립하고 만주 진출을 확정했으며 심지어 미국과도 대립하기 시작한다.

러시아까지 포함한다면 구한말은 투박하게 말해 해양세력과 대륙세력 간의 충돌의 역사라고도 할 수 있다. 미국과 일본으로 상징되는 해양세력 및 중국과 러시아로 상징되는 대륙세력이 한반도에서 충돌하였다. 이는 좀 더 넓은 시각으로 보면 서방과 동방의 충돌이기도 하다. 이때는 서방이 이겼다. 청일전쟁과 러일전쟁에서 일본이 이긴 사건은 모두에게 충격을 주었을 것이다. 서구 문명을 빨리 받아들인 섬나라 일본이 유라시아 대륙의 대제국들과 싸워 이겼기 때문이다. 그 역사적 격변기에 양자 사이에서 균형을 이루지 못했던 조선은 결국 일본의 식민지가 된다. 그래서 동방이 모두 서방을 따라하는 "탈아입구"의 방향으로 나아갔다.

하지만 100년이 지난 지금 서방에 눌려있던 동방이 다시 일어서고 있다. 1800년대 이전 세계 경제의 중심에 섰던 유라시아가 다시 역사의 전면에 나서게 되었다. 특히 동방 문명의 중심적 역할을 했던 중국이 세계 유일의 제국 미국과 어깨를 견주고 있다. 그들은 아프로-유라시아 지역의 중심이었던 과거의 지위를 다시 찾으려고 한다. 사태를 바로 파악하기 위해 한 가지 짚고 넘어가자. 중국이 공산주의 국가인가? 보수 그리스도인들은 그렇게 바라보는 것 같다. 한국전쟁을 경험한 분들로서는 당연히 그렇게 볼 수밖에 없다는 것을 이해 못하는 바는 아니지만 말도 안 되는 시각이다. 냉전 시대의 사고방식에 머물러 있기에 가능한 평가다. 스스로 모순에 빠지는 셈이다. 지금까지 공산주의를 비판하면서 뭐라고 말했는가? 공산주의 사상이 들어 간 국가는 모두 못사는 나라가 되었고 자유 민주주의 사상이 들어간 나라는 모두 잘 살게 되었다고 말하지 않았는가? 그런데 지금 중국은 세계에서 두 번째로 잘 사는 나라다. 1인당 GDP 순위는 밀려도 국가 GDP 순위는 2위다. 그럼 공산주의를 해도 잘사는 건가? 중국의 정 체성을 공산주의로 볼 것이 아니라 동방 문명국 중 하나로 이해해야 한다.

어쩌면 우리는 다시 구한말의 상황에 놓인 건지도 모른다. 한국 은 대륙 세력과 해양 세력이 부닥치는 길목에 있으며 인도양 시스템 과 태평양 시스템이 충돌하는 지정학적 위치에 있다. 중국과 일본의 충돌 가능성, 중국과 미국의 충돌 가능성이 잠재되어 있다고 할 수 있다. 이런 상황에서 미국 일변도의 외교나 미국과 일본에 대한 정치 경제적 예속은 좋지 않다. 반대로 중국 편향적인 외교도 실패의 지름 길이 될 것이며 무엇보다 북한이 중국의 속국이 되도록 방치하면 안 된다. 그렇기에 평화 체제를 이루지 못하고 군사력을 강화하거나 분 단의 영속화를 조장하거나 흡수 통일을 주장해서는 안 된다. 어떻게 든 한반도에 평화 체제를 구축해야 하고 한반도의 평화를 넘어 동북 아의 평화 체제를 구축하는 방향으로 나아가야 하며, 더 나아가 새로 운 유라시아 문명의 복귀에서 중심 역할을 할 수 있어야 한다. 이를 위해서는 다자간 외교를 통해 균형을 이루어야 하고, 평화 통일을 구 축하는 방향으로 나아가야 하며, 신자유주의적 세계체제를 해체시키 는 방향, 즉 자본과 전쟁을 통제하는 방향으로 나아가야 한다. 그뿐만 아니라 정의로운 사회와 생태 친화적 문명을 이루는 동시에 서구와 동구(우파와 좌파)만이 아니라 서방과 동방을 아우르는 비전을 제시해야 한다.

다시금 구한말의 상황에 놓였지만 그때와 지금은 다르다. 우리는 산업화와 민주화를 거치면서 서방과 어깨를 나란히 하고 있다. 그동안 우리는 서구와 동구, 보수와 좌파를 아우를 수 있는 실력을 쌓아왔다. 강경화 외교부장관이 영국 BBC에서 했던 인터뷰를 보고 영국 사람들이 그녀를 영국 총리로 세워야 한다고 입을 모았다고 하지 않는가? 서구가 코로나19 방역에 성공적인 모습을 보여준 한국의 모델을 따라하고 있지 않은가? 중국의 전체주의적 대응 모델, 미국의 자유방임적 대응 모델, 일본의 관료주의적 대응 모델보다 탁월한 모델을 세계에 제시하지 않았는가? 이것만이 전부가 아니다. 산업화나 민주화도 모두 서방의 것이다. 좌파와 우파 모두 서구 근대 자본주의 문명에 불과하다. 이제는 이것을 넘어서는 비전을 가져야 한다. 감사하게도 우리 안에는 서방을 수용하는 넉넉한 동방의 전통이 있다. 우리 안에는 서구와 동구뿐 아니라 서방과 동방을 통합할 수 있는 숨겨진 문화적 역량이 있다. 이것이 코로나19 팬데믹을 효과적으로 극복하고 있는 우리나라의 역량인 것이다. 나는 서구와 동구(우파와 좌파)의 통합을 20-40대의 젊은 세대들이 주도하여 이루어주었으면 좋겠다. 반면 서방과 동방(자유·평등·우애와 인의예지)의 통합은 50-70대 장년 세대들이 주도하여 이루어주었으면 좋겠다. 아니, 20-40대와 50-70대가 힘을 합쳐 리오리엔트의 주역이 되어 "코로나19 이후의 세상"

을 함께 만들어갔으면 좋겠다. 이병한의 말처럼 단순히 과거를 수호하려는 "척사파"도 아니고 선진국을 추종하는 "개화파"도 아닌 제3의 길을 간 "개벽파"의 길을 새롭게 모색했으면 좋겠다. 서구 이성의 한계를 넘어서는 영성을 회복하고 서구 자유주의의 한계를 넘어서는 "신동방"을 만들어갔으면 좋겠다.

나는 이것을 가능하게 하는 힘이 기독교에 있다고 생각한다. 헬라인과 유대인, 자유자와 종, 남자와 여자를 하나 되게 하는 십자가의 능력을 가지고 있기 때문이다. 그 어떤 죽임의 세력에도 굴복하지 않고 새로운 세상을 만들어갈 수 있는 부활의 능력을 갖고 있기 때문이다. 십자가와 부활을 통해 새 언약의 백성이 되었기에 새 하늘과 새 땅의 비전을 품고 이 땅에 새로운 나라를 세우기 위해 자신을 헌신할 줄 아는 사람들이 그리스도인들이다. 예수의 흘린 피로 맺은 새 언약 안에서의 맹세로 하나님께 자신의 생명을 드린 급진적 제자들이 그리스도인들이다. 외적 강제가 아니라 내주하는 성령을 통한 내적 자발성을 통해 그 일을 하는 사람들이 그리스도인들이다. "감소된 주체"나 "축소된 자아"가 아니라 그리스도와 함께 죽고 그리스도와 함께 다시 살아난 "거듭난 주체"가 그리스도인들이다. 그동안 (한국) 기독교는 해양 세력의 편이었다. 냉전 체제에 복무하며 힘을 키워왔다. 하지만 이제 냉전 체제의 사고방식으로는 새로운 시대를 열어갈 수 없다. 포스트-코로나를 선도할 수 없다. 하나님은 해양 세력의 편도 대륙 세력의 편도 아니시다. 그분은 새로운 세상을 만들기 위해 이 두 세력을 통합하실 것이다. 이 과제가 우리 민족에게 주어졌다. 이것이 세계에서 유일한 분단 국가인 한국에 주신 비전이다. 이 비전을 잘 감당하기 위해서는 "리오리엔트"의 시각까지 수용할 수 있어야 한다.

기독교, 부활의 종교

기독교는 십자가의 종교인 동시에 부활의 종교다. 기독교의 핵심 안에는 부활이 있다. 부활이 없다면 우리의 믿음이 헛되다. 나는 주님이 십자가에서 죽으시고 3일 만에 부활하셨기 때문에 사망의 권세가 내게 힘을 쓸 수 없다는 것을 믿는다. 나는 언제 죽어도 주님 앞에 갈 것을 믿는다. 나는 주님이 다시 오실 때 나의 몸이 부활할 것을 믿는다. 영화롭게 변화될 것을 믿는다. 하지만 그동안 기독교는 부활을 개인적 차원에서만 이해했음을 직시할 필요가 있다. 성경을 보면 부활은 "새 하늘과 새 땅"의 맥락에서 나타난다. 하나님 나라라는 측면에서만 부활을 제대로 이해할 수 있다. 구약이 이것을 명확하게 보여준다.

에스겔서는 이스라엘이 나라를 잃고 바빌론 제국에서 포로 생활을 할 때 하나님이 주신 말씀이다. 특히 37장이 중요한데 37장에는 두 가지 환상이 나온다. 하나는 "마른 뼈의 환상"이고 다른 하나는 "두 막대기의 환상"이다. "마른 뼈의 환상"을 보면 포로 생활을 하는 이스라엘을 골짜기에 너부러져 있는 마른 뼈로 묘사한다. "인자야 이 뼈들은 이스라엘 온 족속이라. 그들이 이르기를 '우리의 뼈들이 말랐고 우리의 소망이 없어졌으니 우리는 다 멸절되었다' 하느니라"(겔

37:11). 마른 뼈가 너부러져 있는 골짜기가 바로 "무덤"이다. 무덤은 소망이 사라진 죽음의 상태를 말한다. 하나님께서 이런 이스라엘을 향해 말씀하신다. "내 백성들아, 내가 너희 무덤을 열고 너희로 거기에서 나오게 하고 이스라엘 땅으로 들어가게 하리라. 내 백성들아, 내가 너희 무덤을 열고 너희로 거기에서 나오게 한즉 너희는 내가 여호와인 줄을 알리라"(겔 37:12-13). 어떻게 무덤을 여실 것인가? "내 영을 너희 속에 두어 너희가 살아나게 하고"(겔 37:14). "마른 뼈의 환상"을 보면 하나님께서 이렇게 선포하라고 말씀하신다. "내가 생기를 너희에게 들어가게 하리니 너희가 살아나리라"(겔 37:5). 결과가 어떻게 되었는가? "이에 내가 그 명령대로 대언하였더니 생기가 그들에게 들어가매 그들이 곧 살아나서 일어나 서는데 극히 큰 군대더라"(겔 37:10).

이 큰 군대가 바로 "이스라엘 온 족속"이다. 그냥 이스라엘 족속이 아니라 이스라엘 온 족속이다. 이스라엘 온 족속은 구약에서 사용하는 특별한 신학적 용어로, 남유다와 북이스라엘의 연합을 뜻한다. 이것에 대한 표적이 바로 뒤에 나온다. "두 막대기의 표적"이다. "인자야, 너는 막대기 하나를 가져다가 그 위에 유다와 그 짝 이스라엘 자손이라 쓰고 또 다른 막대기 하나를 가지고 그 위에 에브라임의 막대기 곧 요셉과 그 짝 이스라엘 온 족속이라 쓰고, 그 막대기들을 서로 합하여 하나가 되게 하라. 네 손에서 둘이 하나가 되리라"(겔 37:16-17). 서로 으르렁거리며 전쟁을 불사하던 남유다와 북이스라엘이 하나가 될 것이라는 환상이다. 이미 북이스라엘은 역사상 사라져

버렸고 남유다도 바빌론 제국의 포로가 되었는데 왜 이런 표적을 보여주셨을까? 신약적 의미에서 보면, 그 표적은 온 인류의 구원을 의미한다. 헬라인과 유대인, 자유인과 종, 남자와 여자가 하나가 될 것이다. 막힌 담이 헐리고 대적하던 두 세력이 "한 새사람"이 된다. 이것이 바로 "이스라엘 온 족속"의 의미다.

이것을 성취하신 분이 예수 그리스도다. 예수님은 무덤을 열고 다시 살아나셨다. 모든 절망과 죽임의 세력을 이기시고 이 땅에 소망과 생명을 주셨다. 그리고 승천하신 후 이 땅에 성령을 보내셨다. 성령을 보내서 "한 새사람"을 세우셨다. 성령의 바람이 불면 마른 뼈도 살아난다. 무덤이 열리고 두 막대기가 하나 된다. 주님께서는 "마른 뼈의 환상"과 "두 막대기의 표적"을 성취하기 위해 십자가에서 죽으시고 부활하셨다. 십자가와 부활의 능력을 우리에게 부어주시는 분이 성령이다. 기독교는 십자가와 부활의 공동체다. 기독교는 성령의 공동체다. 기독교는 희망을 잃은 이 땅을 새롭게 할 수 있다. 둘이 갈라져 적대하는 세상을 하나 되게 할 수 있다. 독자들 중에 마른 뼈처럼 생명이 없는 삶을 살고 있는 사람이 있는가? 마치 무덤에 갇힌 것처럼 희망을 잃고 살아가는 사람이 있는가? 두 개의 막대기처럼 관계가 깨어진 채 낙심하고 있는가? 주님이 십자가에서 죽으시고 부활하셨음을 믿으라. 하나님께서 성령을 부어주셔서 마른 뼈를 살아나게 하실 것이고 두 막대기를 하나 되게 하실 것이다.

우리 민족은 오랜 기간 절망 속에서 살았다. 이스라엘처럼 나라를 잃고 일본 제국의 식민지가 되었었다. 하지만 하나님께서 무덤을 여시고 이스라엘을 돌아오게 하신 것처럼 이 나라를 해방시키셨다. 그 후 우리는 역사의 수레바퀴에 깔려 분단된 민족이 되었다. 하지만 두 막대기를 하나 되게 하신 것처럼 하나님께서 이 땅에 성령을 부어주셔서 분단된 조국을 하나 되게 하실 것이다. 막힌 담을 헐고 한 새 사람을 만드실 것이다. 이것은 단지 영토의 하나 됨이 아니다. 헬라인과 유대인, 자유자와 종, 남자와 여자를 하나 되게 하신 것처럼 서구와 동구, 서방과 동방이 하나 되는 상징적인 사건이 될 것이다. 대륙의 길이 열릴 것이다. 만주 벌판과 유라시아 대륙을 지나 유럽까지 가는 신(新)-실크로드가 열릴 것이다. 해양의 길도 열릴 것이다. 인도양 시스템과 태평양 시스템의 화해를 이루어내며 한쪽으로는 인도양을 지나 홍해를 관통하여 예루살렘까지 이르는 길이 열리고 다른 한쪽으로는 북남미 대륙을 지나 아프리카를 지나 지중해까지 이르게 될 것이다. 대륙의 길과 해양의 길을 따라 이미 들어가 있는 교포들과 교인들이 연대하여 하나님의 선교에 동참하게 될 것이다. 교회는 이러한 웅대한 비전을 품고 평화를 만들어가야 한다. 우리가 평화를 만드는 사람들이 될 때 세상은 우리를 하나님의 아들들로 인정해줄 것이다. 코로나19 이후에도 일하실 하나님을 기대하자. 더 큰 그림을 보고 포스트-코로나의 세상을 만들어가자. 갈 길을 잃은 우리 민족에게 이러한 비전을 제시해줄 수 있는 교회가 되자.

5장

코로나19는 사회의 기준 축을 좌측으로 이동시켰다

이데올로기로부터의 자유

방역 지침은 종교 탄압이다?

코로나19사태와 선거 국면을 맞아 예장합동교단에서 교단 산하 각 교회에 두 개의 공문을 보냈다. 하나는 코로나19에 대한 정부의 대응에 관한 비판과 함께 어떻게 교회가 대응할 것인지에 관한 내용을 담은 문자 공문이다. 교단 명의로 정부의 대응에 대해 종교 탄압이라고 비판 성명을 낸 것과 맥을 같이한다. 내용은 이렇다. "일부 공무원들이 강제적으로 예배당을 진입하려는 태도를 보이고 있습니다. 이것은 종교 탄압이요, 신성모독입니다. 또 하나님께 드리는 예배에 심각한 훼손의 우려가 있습니다. 그러므로 공무원들이 예배당에 들어올 때는 예배 지도, 감독, 단속자가 아니라 예배자로 참여해야 합니다. 이를 위해 첨부해드리는 '예배당 출입 확인서'에 동의하고 서명한 후, 예배당에 들어올 수 있도록 적극 활용하시기 바랍니다."

전 국민이 중앙 정부와 지방 정부의 방역 지침에 협력하고 있는데도 한국에서 가장 거대한 교단이 이런 식의 공문을 보낸다는 것이

참 슬픈 일이다. 물론 방역 점검 차 교회를 방문한 공무원의 모습에 기분이 나쁠 수 있다. 정부가 너무 무리하고 있다는 인상을 주는 것도 사실이다. 하지만 이 모든 것은 코로나19 펜데믹이라는 특수한 상황에서 벌어지는 일들이다. 특수한 상황에서 그걸 막을 수는 없는 노릇 아닌가? 예를 들어, 교회에서 예배드리다가 화재로 말미암아 비상벨이 울린다고 가정해보자. 당연히 소방차가 출동한다. 교인 입장에서는 예배 방해처럼 느낄 수 있다. 그렇다고 소방관의 출입을 막을 것인가? 예배 방해죄로 고소할 것인가? 아마도 그렇게 하지는 않을 것이다. 특수한 상황이기 때문이다. 지금 상황도 마찬가지다. 그걸 보고 종교 탄압이니 신성모독이니 떠들어대면 세상은 우릴 보고 비웃을 것이다.

위의 공문을 보면 중앙 정부나 지방 정부가 마치 모든 교회에 대해 행정 명령을 내린 것처럼 말하고 있음을 알 수 있다. 심지어 유흥업소 등 다른 밀집 장소는 관리하지 않으면서 오직 교회만 탄압한다고 말하기도 한다. 하지만 이는 사실과 다르다. 경기도는 3월 17일에 경기도가 제시한 방역 지침을 이행하지 않은 교회 137곳에 대해서만 밀집 집회 예배를 제한하는 행정 명령을 내렸다. 그리고 하루 뒤에는 노래연습장, PC방, 클럽 등 다중 이용시설 1만 5천여 곳에 대해서도 밀집 이용을 제한하는 행정 명령을 발동했다. 지방 정부가 이처럼 다중 밀집 장소에 대해 전방위적으로 행정 명령을 내렸음에도 불구하고 기독교는 팩트 체크도 하지 않고 무조건적으로 비판한다. 한국 기독교계 일각에서는 현 정권을 공산주의 정권이자 종북좌파 정권으로 보고 있기 때문에 그냥 주는 것 없이 싫은 것이다. 전 세계가 칭찬하고 있는 방역 관리 시스템에 대해서도 개신교는 비판만 하고 있다. 참으로 안타까운 일이다.

좌파의 하나님이 아니고 우파의 하나님?

다른 공문은 "차별 금지법, 반드시 막아야 합니다"라는 제목으로 왔다. 이번에는 우편으로 공문과 함께 포스터가 동봉되어왔다. 포스터에는 4.15 총선에서 차별 금지법이 투표의 기준이 되어야 한다는 내용이 적시되어 있었다. 후보별로 차별 금지법을 어떻게 생각하는지 알아보고 정당별로도 알아보아 차별 금지법을 반대하는 후보와 정당에게 투표를 하라는 내용이었다. 공문에 의하면 이 포스터를 게시판에 게시하고 내용을 복사해서 성도들에게 나눠주어야 한다. 이는 명백히 선거 개입 아닌가? 차별 금지법이든 다른 법이든 간에 반대하기 원한다면 구체적인 사안이 아니라 그 법을 반대하는 가치와 철학에 대해 얘기하면 된다. 그런데 이렇게 노골적인 공문을 보내다니 황당한 일이다. 가장 황당한 건 포스터 하단에 굵은 글씨로 따로 강조한 문구다. "우리는 자유 민주주의 체제로 남느냐! 사회주의 체제로 가느냐!의 심각한 기로에 놓여 있습니다. 4.15 총선에서 우리의 선택에 따라 결과가 달라집니다. 할렐루야!"

이것이 어떤 의미인지 잘 알것이다. 요즘 너도나도 이런 말을 한다. 대표적인 사람이 기독교 보수 논객인 이정훈 교수다. 그는 서경석 목사가 감옥에서 회심 체험을 하고서 "뉴라이트"로 전향했듯이 과거 군승이자 종교자유정책연구원의 연구 위원으로 활동하다가 회심 체험을 하고서 기독교 극우 근본주의자가 된다. 아마 한국교회로서는 기독교를 위해 목숨을 걸고 싸우는 새로운 영웅을 얻은 기분일 것이다. 군승에다 종교자유정책연구원 연구 위원에다 현재는 법학 전공 전임 교수라는 스펙을 소유한 회심자이다 보니 일반 간증자보다 더 인기가 있을 수밖에 없고, 『교회 해체와 젠더 이데올로기』(킹덤북스, 2018)를 통해 알 수 있듯이 그의 지식과 투쟁 의지와 근본주의적 포지션은 극우 보수 성향이 농후한 한국교회를 열광시키기에 충분했을 것이다. 수많은 대형 집회와 대형 교회에서 그를 부르고 있다. 심지어 내가 사는 화성시 봉담의 한 대형 교회까지 그를 불렀다. 그의 체험을 이해하지 못하는 바는 아니다. 나 역시 "폭죽처럼 터지는 기쁨으로 찾아오신 하나님"을 만나고 나서 그 배에서 생수의 강이 흐른다는 것이 무엇인지를 분명하게 알게 되었고, 내 옆에 있는 사람들보다 더 실제적으로 계신 하나님을 만난 적이 있으니까 말이다. 하지만 이정훈 교수는 너무 위험하다. 종종 극적인 신앙 체험을 한 사람들의 특징은 극단에서 극단으로 간다는 위험성을 내포한다. 극좌에서 극우로 혹은 정치 근본주의에서 종교 근본주의로의 이행을 보이곤 한다. 그런 그가 마치 기독교의 본질을 대변하는 것처럼 행동하고 있으니 정말 위험하다.

이정훈 교수는 아주 영리한 사람으로 보인다. 종교자유정책연구원을 통해 전통 기독교에 대항하고 소위 종교의 자유를 수호하려 했던 사람이었기에 그는 어떻게 반기독교 세력에 대항해야 할지를 잘 알 것이다. 예전에 대기업이 운동권 출신을 고용한 이유와 비슷한 경우다. 그는 『교회 해체와 젠더 이데올로기』에서 종북 좌파들이 국가인권위원회를 통해 혐오에 대한 법적 제재를 모색하면서 성혁명과 젠더 이데올로기를 통해 국가와 교회를 무너뜨리려 한다고 주장한다. 놀랍게도 그는 자신이 격렬하게 비판하던 동성애 운동의 정신적 지주인 주디스 버틀러(Judith Butler)까지 끌어들여 자신의 주장을 뒷받침하는 논거로 사용한다. 참으로 영리한 전략이다. 그가 좌파 사상가들인 주디스 버틀러, 악셀 호네트(Axel Honneth), 마이클 샌델(Michael J. Sandel) 등의 논점으로 동성애를 반대할 "표현의 자유"를 변호하는 장면은 단연 압권이다. 물론 인권의 쟁점에서 보이는 역치 현상, 즉 과거에는 보수가 국가의 통치를 강조하고 진보가 표현의 자유를 강조했다면 지금은 진보가 법적 제재를 가하려 하고 보수가 표현의 자유를 주장하는 아이러니한 모습의 한 단면이기는 하지만 말이다.

하지만 그의 주장 중 68혁명과 프랑스 좌파의 영향을 받은 한국의 신세대 좌파들이 과거 NL(National Liberation, 민족 해방)과 PD(People's Democracy, 민중 민주)의 구좌파와 손잡고 성혁명을 통해 교회와 국가를 전복하려 한다는 지점에서는 정말 실소를 금치 못할 지경이다. 극단적인 우편향 시각으로 본 유럽 사상사와 교회사에 대한 곡해는 정말 점입가경이다. 좌파의 최종 목표는 종교개혁으로 형성된 서구의 근대성과 이로 인해 형성된 자본주의를 해체하는 혁명과 해방에 있고, 이를 위해서는 먼저 근대 국가와 자본주의 형성에 지대한 영향을 끼치고 한미 동맹과 안보를 중요시하는 교회를 해체하려 한다고 본다. 이를 위해 동성애를 정치 투쟁의 도구와 전략 전술로 사용하고 있다고 보고 있으니, 그의 주장에 따르면 온 교회가 동성애 반대를 위해 투쟁해야 하는 것은 당연하다. 정말 극우 보수 성향의 평범한 그리스도인을 뜨겁게 하는 메시지다.

하지만 교회를 수호하려는 그의 몸부림이 정말 교회를 수호할 수 있을지 의문이 든다. 아니, 혹시 교회를 무너뜨리기 위해 교회를 수호하려는 것처럼 보이는 전략을 쓰고 있는 것은 아닌가 하는 아주 이상한 생각마저 들 정도다. 극단적 우편향을 보이는 그의 교회관과 역사 인식, 크리스텐덤의 세계관과 신정 통치적 마인드, 그리고 청교도적 영성으로 치장한 근본주의적 열정은 도리어 한국교회를 더욱 사회로부터 고립시켜 한국교회를 무너뜨리는 데 일조할지도 모른다. 교회의 정체성을 그렇게 편협하게 보면 성경과 구원에 대한 통전적 이해와 교회사를 통해 하나님이 주신 다양한 영적 전통의 통합을 통한 대안적 모색을 불가능하게 만든다. 좌와 우를 아우르고 서방과 동방을 아우르며 고금을 아울러야 할 교회가 한쪽으로 치우쳐 결국 시대의 변화에 뒤떨어져 소수 종파로 전락할지도 모른다.

더 위험한 사람은 전광훈 목사다. 그는 "하나님, 까불면 나한테 죽어"라고 말해 모두를 어안이 벙벙하게 만들었다. 그의 막말은 상상을 초월한다. 말도 안 되는 주장을 하면서 "문재인 하야"를 외친다. 주로 그에 열광하는 60-70대 그리스도인들이 광장에 모여든다. 신실한 교회 장로와 권사들이 그에게 현혹되어 광장에 모여 기도하는 모습을 보면 너무 슬프다. 시민들이 그 장면을 보고 기독교의 모습을 판단하기 때문이다. 더군다나 정부의 방역 지침을 무시하고 광장에서 대중 집회를 강행해온 그는 국민의 비판을 받았다. 이런 그의 행보를 심지어 이정훈 교수까지 비판한다. 사상은 비슷하나 방법론이 다른 이정훈 교수가 보기에 전광훈 목사는 보수 정권과 보수 기독교를 갈라놓는 주범이다. 보수 정권마저 그를 품는 것에 부담을 가지도록 하여 기독교가 주장하는 보수적 가치로부터 멀어지게 만든다는 것이다. 이정훈 교수는 목사가 직접 정치에 참여하는 것에 반대한다. 그는 기독교가 NGO를 만들어 시민 운동 차원에서 접근해야 한다고 말한다. 좌파에게 배우라고 조언한다. 그의 사상은 문제가 많지만 최소한 방법론만큼은 운동을 해본 사람답다. 보수 기독교는 최소한 그의 방법론에는 귀를 기울일 필요가 있다.

문제는 전광훈 목사 한 사람만 기독교의 이미지를 망치고 있는 게 아니라는 점이다. 정일웅 총신대 전 총장, 정주채, 심하보, 손현보, 권성수, 정동수, 박경배, 그 외 1만 명 서명 목사들 등등. 문재인 하야를 외치는 그들은 놀랍게도 비슷한 말들을 쏟아놓는다. 하나님은 "좌파의 하나님"일 수 없고 오직 "우파의 하나님"이며, 현 정권은 주사파 정권이고 대한민국을 공산주의로 만들려 하고 있으며, 이번 선거는 "자유 민주주의 체제로 남느냐 아니면 사회주의 체제로 가느냐"의 갈림길에 있다는 주장이다. 이걸 누가 또 주장하나? 어느 특정 정당에서 주장하지 않나? 그럼 이런 말은 누구는 찍지 말고 누구는 찍으라는 말 아닌가? 그런데 이걸 총회장 명의로 하달하는 교단 공문에서 버젓이 주장하고 있다. 내겐 불법 선거운동으로 보인다. 더군다나 정교분리 원칙을 어겼다. 독재정권 시절에는 정교분리 원칙을 내세우며 침묵하던 사람들이 이제는 정교분리 원칙을 어기면서까지 노골적으로 교단 차원에서 정치적 행동을 한다. 차라리 정교분리 원칙을 폐기하거나 수정하든지 아니면 일관성 있게 지키든지 해야 할 일이다.

이데올로기로부터의 자유

이런 현상이 발생하는 가장 중요한 이유 중 하나는 기독교의 구원을 단지 개인적 차원과 종교적 차원으로만 한정해서 이해하기 때문이다. 그 외에 정치, 경제, 문화, 사회 등 삶의 다양한 차원은 구원과 아무 상관없다. 하지만 종교적 차원 외 나머지 영역은 진공 상태에 있지 않다. 그 모든 차원도 세계관적 차이와 이데올로기적 차이를 갖고 있다. 모든 영역이 영적 싸움의 영역이다. 하지만 구원은 오직 개인적이고 종교적인 차원에만 관련이 있기 때문에 나머지 차원은 성경과 상관없는 세계관과 이데올로기에 종속되어 버린다. 특히 한국교회는 개인적이고 종교적인 구원과 관련된 것 빼고는 대부분 극우 이데올로기에 점령당했다. 그렇기에 "우리는 자유 민주주의 체제로 남느냐! 사회주의 체제로 가느냐!"의 심각한 기로에 놓여 있습니다. 4.15총선에서 우리의 선택에 따라 결과가 달라집니다. 할렐루야!"라는 말을 쉽게 하는 것이다.

이것이 얼마나 무식한 말인 줄 아는가? 사회주의의 대립 개념은 민주주의가 아니고 자본주의다. 자유 민주주의의 대립 개념은 사회주의가 아니라 전체주의다. 그런데 어떻게 자유 민주주의와 사회주의를 대립시키는가? 기본적인 개념 이해도 못하는 사람들이 극우 이데올로기에 빠져 이렇게 함부로 비판하고 있는 것이다. 참고로 대한민국의 헌법은 이 나라의 체제를 단지 자유 민주주의라고 말하지 않고 민주 공화국이라고 말한다. 민주적 가치와 공화적 가치 모두를 추구하는 나라라는 말이다. 공화적 가치 중 상당 부분은 사회주의적 가치와 연결되어 있다. 그래서 "경제 민주화"라는 항목이 우리 헌법에 들어가 있는 것이다. 이런 기초적인 지식도 무시한 채 극우 이데올로기와 기독교 사상을 등치시키다가 극우 이데올로기가 몰락하면 기독교도 함께 몰락한다는 사실을 알아야 한다. 기독교는 세속의 어떠한 이데올로기와도 등치될 수 없다.

나는 더불어숲동산교회를 개척하면서 "하나님 나라의 신학과 십자가의 영성과 성령의 능력을 갖춘 급진적 제자 공동체를 통해 공교회성과 공동체성 및 공공성을 회복하는 선교적 교회가 된다"는 비전을 품었다. 특히 공공성을 회복하는 선교적 교회라는 비전을 품으면서 좌와 우로 갈라져 있는 이 세상의 분열을 넘어서는 교회, 즉 좌파와 우파를 모두 품는 교회를 세우려고 했다. 유대인과 헬라인, 종과 자유자, 남자와 여자를 하나 되게 하시는 그리스도의 능력을 믿었기에 좌파와 우파가 하나 되는 교회를 꿈꿨다. 실제로 우리 교회는 박근

혜 전 대통령을 위해 기도하는 분부터 정의당 당원까지 모두 하나가 되어 신앙생활하고 있다.

재미있는 일화를 하나 소개한다. 작년 말에 우리 교회에 대한 소문을 듣고, 우리 교회에 등록할지 말지 살피기 위해 오시는 어르신이 계셨다. 일이 생겨 지난 공휴일에 광화문에서 열린 "조국 사퇴" 집회에 나가지 못해 안타까웠다고 말씀하시는 분이시다. 우리 교회 이름에 "더불어숲"이 들어가 있고, 포스터 중 하나에 들어가 있는 신영복 선생님의 글귀, "나무가 나무에게 말했습니다. 우리 더불어 숲이 되어 지키자"라는 글귀를 보시고 그분은 이 교회가 신영복 쪽이냐는 질문을 내게 하신다. 질문의 의도를 잘 알기에 솔직하게 말씀드렸다. "우리 교회는 신영복 쪽도 품고 반대쪽도 품습니다. 예수님의 복음은 좌파와 우파보다 넓고 깊고 크기 때문입니다. 우리 교회는 내 영혼만 구원받으면 되는 복음이 아니라 모든 대립과 경계선을 넘어 모두를 하나 되게 하는 복음을 믿습니다. 신영복 쪽도 품는 교회이니 등록하시려거든 이 점을 미리 아셨으면 합니다. 대신 어르신 같은 분들도 존중하는 교회이니 마음이 동하시거든 등록하시면 됩니다."

감사하게도 이분이 4주 정도 예배에 참석 하시더니 결국은 등록을 하셨다. 등록 심방을 하는데 재미있는 이야기를 들었다. 그분이 더불어숲동산교회에 등록했다는 말을 주위에 했더니 하나같이 이렇게 얘기하더란다. "다른 곳은 다 괜찮지만 더불어숲동산교회만은 안된다." 이런 얘기를 한두 번 들은 것이 아니어서 이상하지는 않았다. 참 재미있는 것은 지역 주민들은 우리 교회를 좋은 교회로 여겨 심지어 비신자가 지인에게 우리 교회를 소개시켜 등록까지 하곤 하는데 주변에 있는 교회를 다니는 사람들은 너무 많이 너무 자주 우리 교회를 향해 이렇게 얘기한다는 점이다. "다른 곳은 다 괜찮지만 더불어숲동산교회만은 안 된다." 왜 우리 교회만 안 된단 말인가? 우리가 뭐 신천지라도 된다는 말인가?

하기사 이번 코로나19 팬데믹 상황에서도 그런 오해를 받기는 했다. 그때 아내가 교회에 있다가 황당한 전화를 한 통 받았다. 몇 해 전 우리 교회에 다니시다가 지금은 다른 곳에 계시는 성도님께서 갑자기 전화를 주셨다. 아내가 직접 받으니 인사도 생략하고 단도직입적으로 물어보더란다. "사모님, 저 ㅇㅇㅇ성도인데요. 제가 금방 너무 이상한 이야기를 들어서요." "뭔데요?" "사모님, 혹시 더불어숲동산 교회가 신천지인가요?" 아내는 처음엔 헛웃음이 나왔지만 어떻게 된 일인지 파악이 필요할 듯해 영문을 물었다고 한다. "지인 중 한 사람이 봉담 중심 상가에도 신천지가 있다고 해서 어디냐 물었더니 국민은행 건물에 있는 교회가 신천지라고 하는 거예요." 하지만 그 성도님은 그 이야기를 해준 사람에게 이렇게 이야기해주셨다고 한다. "내가 그 교회에 잠시 다녔었는데 아무런 문제가 없었고 아주 건강한 교회였다"라고!

그런 전화를 받고 괜히 마음이 찜찜해서 교인들에게 수소문해보니 "봉담 맘카페"에 우리 교회가 신천지라는 글이 올라왔다는 사실을 확인할 수 있었다. 신천지가 각 도시 맘카페에 조직적으로 들어가 이상한 정보를 유포시킨다고 하더니 그런 경우일 수도 있겠다는 생각이 들었다. 혹은 지난번에 "제주도 예멘 난민" 사태가 발생했을 때 맘 카페에 거짓 정보와 혐오가 넘쳐난다는 말을 듣고 가짜 뉴스를 바로 잡고 혐오가 아닌 사랑으로 난민을 바라볼 것을 얘기하기 위해 맘카페에 가입했다가 상식적이지 않은 글을 올렸다는 이유로 바로 강퇴를 당한 적이 있어서 그런지 혹 그때 우리 교회를 좋지 않게 본 혐오 세력들이 그런 글을 올린 것이 아닌가 하는 생각까지 들었다. 아니면 우리 교회를 싫어하는 주변 교회 사람들이 부정확한 정보를 이용해서 거짓 정보를 만들어 유포시키는 것 아닌가 하는 걱정스런 생각도 해봤다. 선교적 교회의 길을 가다 보면 이처럼 정말 말도 안 되는 오해를 받곤 한다.

"다른 곳은 다 괜찮지만 더불어숲동산교회만은 안 된다"는 말을 듣고 어떻게 하셨냐고 그 성도님께 여쭈었다. 고맙게도 그분이 이렇게 말씀하셨다고 한다. "내가 이 교회에 등록했다면 다시 생각해야 하는 거 아니냐? 나를 잘 알지 않느냐? 그렇게 함부로 얘기하지 말고 한번 와서 보고 얘기해라. 아무 때나 주일예배 때 와서 설교 한번 들어보고 그런 말을 해라" 그 말씀을 듣고 얼마나 위로가 됐는지 모른다.

20 대 80 사회의 부당 세습

2020년 4월 15일이 21대 총선이었다. 코로나19 팬데믹 상황에서 단 한 명의 전염자 없이 전 세계 최초로 치른 선거였다. 결과는 놀라웠다. 66.2%의 투표율은 1996년 15대 총선 이후 최고 투표율이다. 더불어민주당과 비례정당 더불어시민당이 단독으로 180석의 의석을 확보하면서 거대 여당이 탄생했다. 1987년 개헌 이후 처음이다. 4.19 직후 있었던 선거 외에는 헌정 사상 최고치다. 그뿐만 아니라 연속 4번의 선거에서 민주당이 이겼다. 의석수보다 이것이 정치학적으로는 더 중요한 현상이라고 한다. 이를 두고 정치 지형의 근본적인 변화가 일어났다고 한다. 대도시와 수도권과 호남권 그리고 20-40(50대 초반 포함)대가 진보요, 지방 도시와 농어촌과 영남권 그리고 50(중후반?)-70대가 보수라는 구도는 여전하지만 중도층과 부동층 그리고 50대 전체가 대거 진보 쪽으로 기울었다는 거다. 정치의 축이 진보 쪽으로 이동한 것이다. 어떤 이는 코로나19를 통해 이미 재난사회였던 한국 사회의 진짜 모습을 보면서 민심이 보수에 대해 비판적으로 바뀌었고 현 정권이 코로나19 방역에 성공하면서 이데올로기를 벗어나 객관적 평가를 할 수 있었다고 말한다.

이런 평가가 어느 정도 맞다고 본다. 예를 들어, 조국 사태 때 사람들이 광화문과 서초동으로 나뉘어 모였다. 하지만 광화문에도 서초동에도 가지 않은 사람들도 많았다. 광화문이 조국 반대를 외친 것은 충분히 이해한다. 하지만 조국 반대가 보수적 가치 때문이어야 했는데도 실제로는 극우 반공 이데올로기가 더 앞섰다. 조국이 사퇴했는데도 사람들이 광화문에 모여 문재인 탄핵을 외쳤다. 건강한 보수주의자들이 여기에 동참하기는 어려웠다. 광화문에 나간 분들의 외침을 들어보면 "1 대 99 사회"를 만든 사람들의 가치관을 내면화하고 있는 것처럼 보였다. 99%가 아닌 1%의 편에 선 사람들이 "좌파의 위선"을 논하는 난센스가 벌어지는 것처럼 보였다. 반면 조국 찬성을 외치며 서초동에 모인 사람 중 많은 사람이 그곳에 참여하지 않은 사람들의 정서를 잘 이해하지 못한 것으로 보였다. 서초동에 선 사람들은 "20 대 80 사회"에서 탄식하는 사람들의 소리에 예민하게 반응하지 못하는 것처럼 보였다.

　　조국 사태의 중요한 한 측면을 이해하는 데 도움을 주었던 책 중 두 권을 소개하고 싶다. 『20 대 80 사회』(민음사, 2019)와 『부당 세습』(이음, 2019)이다. 이 두 권은 모두 저자가 자기 자신에 대한 반성에서 논의를 시작한다. 그동안 좌파들은 "1% 대 99% 사회"를 비판했다. "월가를 점거하라"(Occupy Wall Street) 운동만 해도 그렇다. 시위대의 구호를 보라. "우리는 미국의 최고 부자 1%에 저항하는 99% 미국인의 입장을 대변한다." "우리가 99%다." "미국 상위 1%의 재산이 하위 90%의 재산을 합친 것보다 많다." "미국에서 가장 부유한 16만 명의 가계 소득이 하위 1억 4,500만 명의 가계 소득을 합친 금액과 같다." "세계 최고 부자 85명의 재산은 전 세계 하위 50%의 재산을 합친 것과 같다." 그런데 이 책들의 저자는 1 대 99보다 더 중요한 구도가 20 대 80(혹은 10대 90)이라고 말한다. 그들은 각종 데이터를 보여주며 20대 80의 불공평한 사회에서 좌파마저도 기득권을 누리고 있다고 비판한다. 1%를 공격하면서 20% 중 나머지 19%에 속해 기득권을 누리고 있다고 비판한다. 자기 자신이 그러한 자라고 말한다. 더군다나 더 큰 문제는 그것이 자녀 세대에게 세습되고 있다는 점이다. "부당 세습"이 이루어지고 있다. 새로운 신분 사회와 새로운 세습 사회가 만들어졌다는 것이다.

　심각한 건 불평등 문제와 세대 문제가 교착되어 있다는 점이다. 한국 사회의 세대 문제를 파헤친『불평등의 세대』(문학과지성사, 2019) 나 청년의 시각으로 바라본『공정하지 않다』(지와인, 2019)를 읽어보면 불평등이 세대별로 어떻게 고착되고 있는지를 잘 알 수 있다. 저자들은 386 운동권들과 진보적인 노조들이 기득권이 되었다고 비판한다. 학연·지연 네트워크를 이용해 고소득을 올리고 있고 상위 계층을 장기간 독점하고 있다고 비판한다. 저자들은 자신들이 "유리 천장"을 깨뜨리고 위로 올라갔지만 젊은 세대는 유리 천장을 기대하지도 못하며 "유리 바닥"마저 깨뜨리지 못하고 있다고 말한다. 이러니 젊은이들이 분노할 수밖에 없고, 특히 자신들의 편에서 정의를 외치고 있다고 믿던 엘리트 좌파, 즉 강남 좌파의 모습을 보면서 분노할 수밖에 없었던 것이다. 심지어 30대 이상이 말하는 진보적이고 이상적인 세상에 대해 20대들이 "공정"을 말하면서 야유를 퍼붓기까지 한다. 우리는 그들이 그러는 이유에 대해 귀를 기울여야 한다. 기독교는 기존의 좌파적 시각으로도 포착하지 못하는 소외 계층과 소외 세대에 대해 관심을 가져야 한다. 젊은이들이 세상을 좇아 교회를 떠난다고 비판하며 "기독교판 20대 개새끼론"을 되뇌지 말고, 젊은이들의 상실과 분노를 공감할 수 있어야 하고 새로운 대안을 제시할 수 있어야 한다.

블랙 스완, 우리는 극단의 왕국에 산다

또 하나는 이 사회에 불안정성이 엄청나게 폭증하는 점도 작용하고 있다고 본다. 『블랙 스완』(동녘사이언스, 2018)이라는 책이 있다. 이 책의 저자 나심 니콜라스 탈레브(Nassim Nicholas Taleb)는 철학자 겸 역사가이면서 수학자이자 현직 월스트리트 투자 전문가다. 이 책을 쓸 때쯤 그는 "상상할 수 없는 최악의 파국이 앞으로 월가를 덮칠 것"이라고 경고했다. 『블랙 스완』은 발간 후 혹평을 들었지만 이 책의 경고대로 2008년 금융 위기가 발생하면서 그는 현재 "월스트리트의 현자"로 추앙받고 있다. 책 내용을 다 소개할 수는 없지만 가장 중요한 한 가지 포인트만 이야기하기로 한다. 그는 이 세계가 "평범의 왕국"(Mediocristan)과 "극단의 왕국"(Extremistan)으로 이루어졌다고 말한다. 평범의 왕국은 규모 불변적인 특징을 갖고 있는데, 이곳은 전체를 좌지우지할 수 없고, 정규 분포 곡선을 따라 사건들이 분포되어 있으며, 집단적이고, 진부한 것과 명백한 것과 예상되는 것의 지배를 견뎌야 하는 곳이다. 반면 극단의 왕국은 규모 가변적이고, 극단적인 몇 개의 사건이 전체를 결정해버리며, 카오스적으로 사건이 분포되어 있고, 개별적이며, 우발적인 것과 보이지 않는 것과 예상치 못한 것의 난폭한 지배에 내맡겨진 곳이다. 한마디로 극단의 왕국은 "검은 백조"가 출현할 수 있는 곳이다. 여기서 "검은 백조"는 "극단값"을 의미하며, 예외적인 것이 전체에 큰 충격을 준다는 사실을 보여준다.

문제는 뭐냐하면 현대 사회가 "평범의 왕국"이 아니라 "극단의 왕국"이라는 점이다. 주류 경제학자와 정치학자들은 "평범의 왕국" 패러다임으로 현재를 분석하고 미래를 예견하기 때문에 실패할 수밖에 없다고 본다. 현대 사회는 이미 "극단의 왕국"으로 넘어갔다. 멋있게 말하면 규모 가변성이 커졌다지만 한마디로 "불안정성"이 커졌다는 것인데 그렇다면 우리는 어떻게 대응해야 할까? 이 면에서는 매우 허망하다. 탈레브는 검은 백조를 막을 수 없다고 한다. 다만 긍정적인 검은 백조도 있으니 잘 활용하라고 말한다. 그는 자신의 투자 전략을 "바벨 전략"이라고 표현하는데, 일반적인 포트폴리오 전략은 쓸모없다고 말하면서 초보수적인 동시에 초공격적일 필요가 있다고 말한다. 자신은 85-90%는 극히 안정적인 대상에 투자하고 10-15%는 극히 위험도가 높은 투기적인 곳에 투자한다고 한다. 잭팟은 바로 거기서 터진다.

솔직히 이 책이 제시하는 해법에 대해서는 대단히 실망했지만 현대 시대가 "극단의 왕국"임을 증명하는 탈레브의 주장들은 현대 사회를 이해하는 데 도움을 주었다. 현대는 "극단의 왕국"이다. 그러니 사람들이 더 불안할 수밖에 없다. 그래서 시민들은 그 불안정성을 해결하고 새로운 질서를 만들 것 같은 사람들에게 표를 던지고 싶은 것이다. 극단의 왕국에서 각자도생하라고 말하지 않는 지도자들에게 표를 던지고 싶은 것이다. 시민들은 극단의 왕국을 새로운 가치 체계가 지배하는 세상으로 만들어야 한다고 느낀 것이다. 지금 진보는 이에 대한 이야기를 하고 있는데 보수는 이에 대한 이야기를 하고 있지 못하기 때문에 이렇게 몰락의 길을 걷기 시작한 것이다. 이것은 정말 안타까운 일이다. 보수야말로 공동체의 안정과 질서를 최고의 가치로 주장하는 사람들이기 때문이다. 그렇다면 한국의 보수는 극단의 왕국에서도 공동체의 안정과 질서를 유지하기 위해 무엇을 할 것인지를 제시할 수 있어야 한다. 그것이 진짜 보수다. 개인의 자유와 권리를 주장하는 진보의 가치를 흉내 내며 자신의 문화 전쟁을 정당화하면서 반동성애 운동이나 반이슬람 운동에 혈안이 되지 말고 공동체의 안정과 질서를 위해 어떻게 사회 구조를 바꿀 수 있을지에 대해 말해야 한다.

보수의 가치, 인과 예

또 하나를 이야기하자. 21대 총선 다음 날이 세월호 참사 6주기였다. 이번에 미래통합당(이하 미통당)이 대패한 원인 중 하나로 막말 파동을 이야기하는 사람들이 많다는 점이다. 선거 직전의 막말 파동만 없었어도 이렇게까지 몰락하지는 않았을 거라고 한다. 하지만 이런 원인 분석은 사실과 다르다. 이미 2-3주 전에 미통당도 자신들이 몰락할 것이라는 결과를 예견하는 자료를 입수했다고 한다. 그들은 이러한 결과를 예견한 보수 측 정치연구소의 자료를 갖고 있었는데도 이에 대한 적절한 대안을 만들지 못해 대패한 것이다. 이 자료를 입수한 것으로 보이는 노무현재단의 유시민 이사장이 180석 발언을 해서 물의를 빚었다는 말도 돈다. 여하튼 전적으로 그것 때문만은 아니지만 분명 어떤 중요한 역할을 한 것이 분명하다. 일반 시민들은 미통당이 세월호 유가족에 대한 막말을 한 차명진 후보를 제명하려는 시도는 했지만 선거철이 아니었다면 그것조차 하지 않았을 거라고 판단한다. 우리는 세월호 참사가 터진 이후 미통당의 전신 새누리당의 국회의원들이 어떻게 행동했는지 잘 알고 있다. 그들은 차명진과 다를 바가 없었다. 왜 그들은 그렇게 막말을 할까? 이것이 이번 대패의 원인과 무슨 상관이 있을까?

이번 선거 결과를 보고 많은 사람이 좌파의 완승이자 우파의 완패라고 평가한다. 하지만 나는 그렇게 보지 않는다. 과연 더불어민주당이 진보 정당일까? 더불어민주당 구성원들의 정치적 좌표를 평균적으로 보면 그들은 중도 정당 정도로 평가된다. 좀 더 디테일하게 말하자면 더불어민주당은 다수의 중도 보수와 소수의 중도 진보로 구성되어 있다. 그렇기에 이번 선거 결과는 한국 사회가 이제야 조금은 상식적인 세상이 되었다는 정도의 평가가 적당하지 않을까 생각한다. 지나치게 우측으로 치우쳤던 한국 사회의 사상적 기준축이 조금 좌측으로 이동한 것일 뿐이다. 더군다나 미래통합당을 보수로 볼 수도 없다. 극우 반공 친미 친일 냉전 수구 세력을 보수라고 할 수 있을까? 내가 볼 때 미통당은 보수여서 참패를 한 것이 아니라 보수가 아니어서 참패를 한 거다. 한국 정당 역사에 이제 진짜 보수가 나와야 한다.

나의 주장을 뒷받침할 만한 책을 하나 소개한다. 책 발간을 위해 글을 다 마무리하고 나서 우연히 김누리 교수의 『우리의 불행은 당연하지 않습니다』(해냄, 2020)를 읽게 되었다. JTBC "차이나는 클라스"에서 한 강의가 뜨거운 반응을 일으켰고 결국 책까지 내게 되었다고 한다. 이 책은 그가 유학을 했던 독일과 한국을 비교·분석한 내용을 담고 있다. 그는 이 책에서 한국 사회를 규정하는 대표적인 거짓말이 있다고 주장하는데 그것은 "한국 정치는 보수와 진보가 경쟁하고 있다"라는 말이다. 그가 본 한국은 "보수와 진보가 경쟁하는 사회"가 아니라 "수구와 보수가 과두 지배하는 사회"다. 곧 미래통합당이라는 수구와 더불어민주당이라는 보수가 과두 지배하는 사회가 한국 사회다. 김누리 교수는 이렇게 주장하는 근거를 착실하게 제시한다. 다른 곳도 아니고 독일과 비교하면서 말이다. 독일은 통일을 이룬 국가이기 때문에 한국이 가장 많이 참조하는 나라 중 하나다. 그중에서 흥미로운 이야기 하나를 소개한다.

독일에서 보수 정당은 "자유민주당"이다. 자유민주당은 자유시장경제를 지지하는 정당이다. 유럽에서는 대체로 앞에 "자유"가 붙은 당이 자유시장경제를 지지하는 당이다. 이런 정당들은 인간의 자유를 신장시키는 것을 목적으로 한 정당이라기보다는 기업의 자유, 시장의 자유, 자본의 자유를 중시하는 정당이다. 그런데 지난번 독일 연방의회(2013-2017년)의 사례를 보면 충격적이게도 자유시장경제를 지지하는 의원이 단 한 명도 없었다고 한다. 자유민주당이 의회 진출에 실패했기 때문이다. 독일은 정당 지지율이 5%를 넘어야 의회에 진출할 수 있는데 자유민주당이 4.8%를 얻는 데 그쳐 의회에 들어가지 못했다.

그럼 연방 의회에 앉아 있던 다른 정당들은 어떤 정당이었을까?

우선 기독교민주당(이하 기민당)을 들 수 있다. 독일 최초의 여성 총리이자 최초의 동독 출신 총리이며 현재 4번 연속 15년째 총리직을 맡고 있는 앙겔라 메르켈이 소속된 정당이다. 독일의 전통적인 정치 구도에서 가장 보수적인 정당이다. 기민당이 내세우는 기본적인 정책 기조는 "사회적 시장경제"다. 사회적 시장경제란 시장경제의 활력과 효율성은 활용하되 시장경제가 몰고 오는 핵심적인 문제, 즉 실업과 불평등은 "사회적"으로 해결해야 한다는 입장이다. 이들은 실업과 불평등을 개인에게 맡길 수 없는 영역으로 본다. 자본주의는 기본적으로 5-8%의 실업을 내장한 시스템이기 때문이다. 독일에서는 이와 관련해 "야수 자본주의"라는 말을 흔히 사용한다. 자본주의가 효율적인 체제임은 분명하지만 그럼에도 인간을 잡아먹는 야수의 속성을 지녔다는 말이다. 이 자본주의의 야수성을 막아내는 것이 정치의 책무다. 정부는 조세 제도를 통해서 시장경제의 야수성을 통제해야 한다. 이것이 독일에서 가장 보수적인 정당이 말하는 정치의 의미다.

　두 번째 정당은 기민당보다 왼쪽에 있는 사회민주당으로서 "사회민주주의적 시장경제"를 주장한다. 시장경제의 효율성은 인정하되 인간이 존엄한 존재로 살아가는 데 필요한 최소한의 조건이 되는 영역, 즉 교육, 의료, 주거 영역은 기본적으로 시장에 넘겨서는 안 된다는 입장이다. 이런 정당이 있기에 독일에서는 누구나 대학에 갈 수 있고 학비도 없으며 생활비를 국가가 지불한다. 세 번째 정당은 "녹색당"이다. 녹색당은 "생태적 시장경제"를 주장한다. 시장경제는 용인하지만 그것이 자연을 파괴하는 것은 절대로 용납할 수 없다는 입장이다. 마지막은 "좌파당"이다. 말 그대로 좌파 정책을 천명하는 정당이다. 이들은 시장경제에 대한 사회주의적 대안을 모색한다는 입장이다. 이처럼 지난 회기 독일 의회에는 네 개의 정당, 즉 기민당, 사민당, 녹색당, 좌파당이 있었다. 이들 네 정당의 631명 의원이 의회에 모여 법안을 만들었다. 이처럼 "인간의 얼굴을 한 자본주의"를 지지하는 자들이 의회의 다수를 점하고 있다. 이것이 통일을 이루어냈고 유럽을 먹여 살린다고 말하는 독일의 정치 현실이다. 그런데 한국은 오직 수구와 보수의 과두 지배가 이루어지고 있을 뿐이다. 김누리 교수는 만약 가장 보수적인 정당인 기민당의 메르켈이 한국 선거에 나오면 틀림없이 "빨갱이" 혹은 "공산주의자"라고 공격당할 것이라고 말한다. 참으로 씁쓸한 분석이다.

이제 합리적 보수와 개혁적 진보가 균형을 이루어야 건강한 사회가 된다는 평소 입장에서 보수에게 한마디 하고 싶다. 나는 앞에서 코로나19 이후의 세상은 서구와 동구(우파와 좌파)의 통합과 서방과 동방의 통합을 이루는 세상이 될 것이라고 말했다. 동방에서 가장 중요하게 여기는 것이 "인의예지"(仁義禮智)다. 그중에서도 "인"(仁)과 "예"(義)가 핵심이다. 자신이 속한 문명을 중요하게 여기는 진정한 보수라면 "인"과 "예"를 갖추어야 한다. "인"(仁)을 "측은지심"이라고 한다. 한마디로 세상의 작은 아픔에도 민감하게 반응할 수 있는 능력이다. 그렇기에 인을 "sensitivity"라고 할 수 있다. 그런 의미에서 "측은지심"을 요즘 용어로 "공감"이라고 할 수 있을 것 같다. 공감은 1. empathy, 2. sympathy, 3. compassion이라는 뜻을 모두 담고 있는 말이다. 다른 말로 말하면, 공감은 가장 작은 자들의 아픔에 마음 깊이 공명할 수 있는 능력이다. "예"를 "사양지심"이라고 한다. "거절할 줄 아는 마음", "양보할 줄 아는 마음", "낮은 자리에 처할 줄 아는 마음", "상대를 존중하는 마음", "받고 싶은 대로 주는 마음" 등을 의미한다고 할 수 있다. 요즘 식으로 말하면 상대를 악마화, 대적화, 타자화하지 않는 마음이라고 할 수 있다. "사양지심"이 없으면 상대를 악마화, 대적화, 타자화하며, 오직 싸워 이겨서 타도하고 섬멸해야 할 존재로 본다. 결국 "예의"를 상실하게 된다.

　과연 미통당에게 "인"과 "예"가 있을까? 인과 예가 있는지 파악하려면 그들이 "세월호 참사" 때 어떻게 반응했는지 보면 안다. 세월호 참사는 좌파가 중요하게 여기는 의(수오지심)와 지(시비지심)의 차원으로 접근하기 전에 먼저 "인"으로, 그다음은 "예"로 접근해야 한다고 생각한다. 타자의 고통 앞에서 함께 아파하며 상대를 존중할 줄 아는 마음이 가장 먼저 앞서야 하기 때문이다. 이번 코로나19 사태에서 31번 확진자로 인해 대구가 큰 어려움을 겪었을 때 앞다투어 달려간 사람들이 누굴까? 나는 보수적인 사람들이 더 많이 달려갔을 것이라고 생각한다. 자신의 사업장과 일터를 포기하고 대구에 달려가 헌신한 사람들이야말로 함께 아파하며 상대를 존중할 줄 아는 마음을 가진 사람들이다. 인을 품고 예를 다해 헌신하는 사람들이 진정한 보수다. 사실 세월호 참사는 진정한 보수가 무엇인지 보여줄 절호의 기회였다. 그런데 그들에게는 인과 예가 없었다. 그렇기에 막말을 일삼을 수 있었던 것이다. 미통당은 보수여서 대패를 한 것이 아니라 보수가 아니어서 대패를 한 것이다. 지금 한국에는 진정한 보수가 너무 부족하다. 진정한 보수가 더 많이 나타나면 좋겠다.

진정한 보수가 되려면 인과 예를 갖추어야 한다. 보수적인 작가인 김훈을 보라. 그는 베스트셀러인 『칼의 노래』(생각의나무, 2001)와 『남한산성』(학고재, 2007)으로 유명하다. 좌파 작가들이 아주 많이 비판하는 보수 작가다. 하지만 그의 행보를 보라. 그는 세월호 참사가 터지자 그들의 편에서 진상 규명을 외쳤다. 4.16 세월호 참사 6주기 직전에 세월호 유가족 창현 어머니께서 "416합창단"이 만든 『노래를 불러서 네가 온다면』(문학동네, 2020)을 보내주셨다. 책을 펼쳐 보니 거기에도 김훈의 글이 실려 있었다. 태안 화력발전소에서 김용균 노동자가 사망하자 김훈 작가는 비정규직 노동자들을 위해 최전선에서 싸웠다. 그는 "생명안전시민넷"의 공동 대표로도 섬긴다. 그는 한 인터뷰에서 다음과 같이 말한다. "노동자의 죽음에 대해서 말하는 것은 이것이야말로 보수 취향의 사람들이 할 수 있는 일이라고 생각해요. 보수 취향의 사람들이 사회의 안전과 평화를 지향하는 사람들이잖아요. 그러면 마땅히 우리 보수의 의제가 돼야 마땅하잖아요. 이런 문제를 가지고 이것이 뭐 이쪽이냐 저쪽이냐 말하는 것은 참 무의미하고 앞으로는 점점 더 무의미해질 거라고 생각해요.…노동자의 죽음이 일상화되고 만성화되니까 남을 이해하고 고통을 느끼는 감수성이 이제 마비돼가는 것이죠. 이것은 정말 무슨 재난 참사의 문제보다도 인간성에 관한 문제가 되는 것이죠.…물론 기업하기 좋은 나라를 만들어야 하죠. 하지만 그게 노동하기 나쁜 나라가 되는 건 아니잖아요. 그러면 그게 인간에게 무슨 의미가 있어요?" 진짜 보수라면 최소한 이 정도 행보를 보여야 하는 것 아닌가?

누룩처럼, 포착 불가능한 자로 살라

왜 이런 말을 길게 하냐면 한국교회 때문이다. 미통당의 최대 지지자들이 한국교회 성도들이다. 그런 면에서 미통당의 몰락은 한국교회의 몰락을 예견하고 있다. 아니, 먼저 한국교회의 몰락이 있었다고 할 수 있겠다. 앞서 이야기한 것처럼 한국교회는 영혼 구원과 교회 생활 빼고는 정치·경제·사회·문화 영역에서 모두 극우 이데올로기에 동화되어 있다. 큰 문제다. 성경의 사상은 보수도 아니고 진보도 아니며, 어떤 면에서는 보수보다 더 보수적이고 진보보다 더 진보적이며, 진보와 보수를 넘어서는 비전을 제공하고 있다. 그런데 한국교회는 성경을 외면하고 있다.

코로나19 이후를 제대로 준비하지 못하면 기독교는 몰락의 길을 갈 것이다. 코로나19가 "검은 백조"처럼 갑자기 나타났다. 나는 이전에 이런 말을 했다. 현재의 재난은 우리가 이미 그 안에 있었던 어떤 재난을 드러내는 역할을 한다고. 기독교는 이미 있었던 바로 그 재난에 대한 대안을 제시해야 한다. 새로운 세상에 대한 비전을 실제적으로 보여주어야 한다. 초기 교회가 그랬다. 초기 교회는 미래에 임할 하나님 나라를 지금 여기로 가져와 실현하는 공동체였다.

이런 초기 교회의 모습은 성경에서 말하는 겨자씨와 누룩을 닮았다. 한국에서는 겨자씨 비유를 개인주의나 승리주의 관점에서 해석했다. 지극히 작은 씨가 큰 나무가 된다는 것은 미약한 우리가 세상에서 큰 성공을 거두게 되거나 교회가 이 세상에서 세력을 확장하게 될 것으로 본다. 이런 관점에서 보면 세상에서 성공한 사람이나 대형 교회가 가장 하나님의 뜻에 합당한 사람이자 교회가 된다. 과연 이렇게 해석하는 것이 옳은가? 그렇지 않다.

셰인 클레어본(Shane Claiborne)은 『대통령 예수』(살림출판사, 2010)에서 겨자씨 비유를 잘 풀어주고 있다. 이 비유의 핵심은 가장 작은 것이 가장 커지는 데 있지 않다. 성공주의나 승리주의가 아니다. 겨자나무를 아는 사람들은 그렇게 생각하지 않는다. 1. 겨자는 나무가 아니라 풀이다. 잡초와 같다. 버려진 가옥이나 보도 틈에 자라는 야생초와 같다. 이런 잡풀을 밭에 심는 분이 하나님이시다. 만약 어떤 사람이 자기의 포도나무나 올리브나무 밭을 정돈하고 그곳에 겨자씨 한 알을 심는다고 한다면 그는 분명 주위에서 손가락질을 받을 것이다. 그것은 분명 바보짓이기 때문이다. 이처럼 사람들의 모욕과 조롱에도 아랑곳하지 않고 이 바보 같은 짓을 하는 분이 하나님이시다. 2. 겨자는 군집 식물이다. 겨자가 한 그루만 있어서는 새가 깃들 수 없다. 작은 나무 하나가 아니라 함께 모일 때 새가 깃들 수 있다. 백향목은 한 그루의 나무만으로 영광스럽다. 하지만 겨자나무는 군집으로 모여야 한다. 이렇듯 보잘것없는 사람들의 공동체를 통해 새가 깃들 수 있는 나무 역할을 할 수 있다. 보잘것없는 무리들이 모여 백향목과 같은 영광을 경험하게 될 것이다. 3. 공중의 새는 어떤 새일까? 엄밀하게 말하면 겨자는 나무가 아니라 풀이다. 다 자라면 1.8-2미터 정도 된다. 그다지 크지 않다. 이런 작은 나무에 깃드는 새가 대단한 새일까? 이것은 독수리와 같은 새를 말하는 것이 아니다. 허공을 오래 날아다니지 못해 내려앉을 허수아비가 필요한 새들처럼 작고 보잘것없는 새들을 의미한다. 이처럼 보잘것없는 겨자씨가 잡풀과 같은 나무가 되어 보잘것없는 새들이 깃드는 가지를 제공한다. 마찬가지로 아둘람 공동체와 같은 곳에 작고 보잘것없는 사람들이 모여든다. 이 땅에서는 희망을 가질 수 없는 자들이 모여든다. 하나님은 외적 형태와 자격으로 보면 겨자씨 같은 사람들을 통해 질적으로는 백향목 같은 사람들이 되게 하신다. 겨자씨 비유는 교회가 지극히 작은 자가 되어 백향목의 영광을 드러내고 십자가의 길을 걸어감으로써 부활의 영광을 드러내야 함을 말한다. 하나님 나라에서는 쓸모없는 잡풀과 같은 겨자씨를 통해 쓸모없는 새들조차 쉴 수 있다.

　　누룩은 어떤가? 누룩은 당시에 부정적인 의미로 사용되었다. 신약 시대의 사람들은 누룩이 들어가 발효되는 과정을 "도덕적 타락의 은유"로 사용했다. 그래서 유대인들은 유월절이 되면 누룩을 넣은 빵이 아니라 누룩 없는 빵을 먹는다. 예수님도 바리새인의 누룩을 조심하라고 말씀하신다. 바울은 교회 공동체 안에 가만히 들어와 무너뜨리는 율법주의자들을 향해 이렇게 말한다. "적은 누룩이 온 덩이에 퍼지느니라"(갈 5:9). "이러므로 우리가 명절을 지키되 묵은 누룩으로도 말고 악하고 악의에 찬 누룩으로도 말고 누룩이 없이 오직 순전함과 진실함의 떡으로 하자"(고전 5:8). 그런데 왜 주님은 천국은 마치 여자가 가루 서 말 속에 갖다 넣어 전부 부풀게 한 누룩과 같다고 하셨을까? 천국이 세상을 부패시키기 때문이다. 변질되게 만들기 때문이다. 쓸모없게 만들기 때문이다. 세상이라는 가루 서 말 입장에서 보면 교회는 누룩처럼 세상을 부패시키고 쓸모없게 만드는 존재처럼 보인다. 포도나무나 올리브나무 입장에서 보면 겨자씨가 그런 것처럼 누룩은 위험한 존재다. 교회는 세상 한가운데로 들어가 세상을 바꿔버리는 위험한 존재다.

로빈 마이어스((Robin Myers)는 『언더그라운드 교회』(한국기독교연구소, 2013)에서 이 비유를 재미있게 푼다. 한글 성경에서 비유를 보면 여자가 가루 서 말 속에 누룩을 "갖다 넣어"라고 번역되어 있지만 원어의 의미는 "숨기다", "감추다"라는 뜻이라고 한다. 누가는 "크립토"(krypto)라는 단어를, 마태는 "엔크립토"(enkrypto)라는 단어를 사용했다. 두 단어 모두 부정적인 의미를 가지고 있다. 이 어원에서 컴퓨터 사용자들이 알고 있는 "암호화"라는 뜻의 영어 단어 encryption이 나왔다고 한다. 그렇다면 이런 행위는 적국에 잠입해서 적국을 혼란하게 하고 무력화시키는 첩보원이나 게릴라 같은 체제 전복적 행위라고 할 수 있다. 몰래 감추듯이 가루 서 말에 넣기 때문에 알아차릴 수 없다. 세상은 이 누룩의 능력을 없앨 수도 없고 침투하는 것을 막을 수도 없다. 누룩은 "인식 불가능한 자"요 "포착 불가능한 자"다. 인식하지 못하는 사이에 어느덧 부풀어 오른다. 어느덧 누룩으로 가루가 변질되어버린다. 기존의 기능은 쓸모없게 되어버린다. 가루는 새로운 존재가 된다. 세상 나라가 하나님 나라로 바뀐다. 이것이 교회다. 교회는 세상 한가운데로 몰래 들어가 세상 나라를 하나님 나라로 바꾼다. 코로나19가 세상을 완전히 바꾸어놓은 것처럼 교회라는 누룩도 세상을 완전히 바꾸어버린다. 교회는 바로 이걸 해야 한다.

6장

파라볼라노이, 그리스도인의 정체성

위험을 무릅쓰는 자로 살아가기

코로나19 사태를 겪으면서 사람들 마음에 가득했던 감정 중 하나가 "불안"인 것 같다. 대니얼 길버트(Daniel Gilbert)라는 심리학자는 동물과 구별되는 인간의 가장 고귀한 특징을 미래를 예측하고 상상하는 능력이라고 말했다. 그런데 이 고귀한 특징에는 부정적인 면이 동시에 작용한다. 인간은 미래를 예측하고 상상하는 능력 때문에 불안 속에 살게 된다. 미래를 예측하고 상상하는 기능을 담당하는 전두엽을 다친 사람들의 특징이 불안을 모른다는 점이라고 한다. 그런 점에서 보면 불안은 미래를 예측하고 상상하는 능력의 대가다. 미래를 예측하고 상상하는 능력을 인간의 고귀한 특징으로 여긴다면 불안도 인간의 고귀한 특징으로 받아들여야 한다. 문제는 지금 이 시대를 사는 사람들의 불안이 지나치게 크다는 점이며 불안이 개인만이 아닌 시대의 특징이 되었다는 점이다. 이런 불안의 시대에 그리스도인은 어떻게 살아가야 할까? 성경은 불안해하는 우리에게 무엇이라고 말하는가?

이에 대한 나눔을 위해 먼저 사람들이 불안해하는 이유를 살펴보자. 사람들은 왜 불안해할까? 여러 가지를 말할 수 있겠지만 크게 두 가지만 이야기하자. 하나는 우리가 불확실성의 시대를 살고 있기 때문이고, 다른 하나는 의미화가 어려운 시대를 살고 있기 때문이다. 먼저 첫 번째 이유를 살펴보자.

불안의 이유

알랭 드 보통(Alain de Botton)은 『불안』(은행나무, 2011)이라는 책에서 불안의 5가지 원인을 제시한다. 사랑의 결핍, 속물근성, 높은 기대, 능력주의 그리고 불확실성이다. 이에 대해 간단히 살펴보자. 첫 번째는 "사랑의 결핍"이다. 그는 불안의 근본적인 원인을 "높은 지위를 바라는 마음"에서 찾는다. 이 시대의 불안은 "높은 지위"에서 낮은 단계로 떨어질지 모른다는 걱정이다. 그럼 왜 높은 지위를 바라는가? 근본적으로는 인정 욕구 때문이다. 사람에게는 존중받고 사랑받고 싶은 욕구가 있다. 그런데 현대 사회에서는 낮은 지위를 통해서는 그것을 이룰 수 없다. 낮은 지위에 있으면 누구도 우리를 주목하지 않는다. 그러니 사랑의 욕구가 충족될 수 없다. 그런데 우리의 자리는 항상 불안하다. 사랑의 욕구가 결핍된 사람은 항상 불안하다. 그는 지위와 상관없이 사랑받아본 경험이 없는 사람이기 때문이다.

두 번째는 "속물근성"이다. 속물의 가장 중요한 특징은 사회적 지위와 인간의 가치를 똑같이 본다는 것이다. 속물의 일차적 관심은 "권력"이며, 권력 구조의 변화에 따라 자연스럽게 그리고 순식간에 속물의 존경 대상도 바뀌기 때문이다.

세 번째는 "높은 기대"다. 우리 사회는 유사 이래 가장 풍족한 시대다. 물질적 진보로 인해 절대적 가난을 벗어났을 뿐 아니라 대량 소비의 시대다. 하지만 역설적으로 궁핍감과 궁핍에 대한 공포는 외려 늘어났다. 현대인들은 자신이 모자란 존재이며 자신의 소유도 충분치 못하다는 느낌에 시달린다. 우리는 "준거 집단", 즉 나와 같다고 여기는 사람들의 조건과 우리의 조건을 비교한다. 우리를 힘들게 하는 것은 가까운 사람들의 성공이다. 그런데 물질적 진보로 인해 우리의 준거 집단이 엄청나게 늘어났다. 질투의 대상이 너무나 많아졌다는 말이다. 더군다나 우리 시대는 "평등 시대"다. 인간 모두는 평등하다고 믿는 사회다. 평등한 사회는 약간의 차이라도 눈에 띄고 삶에 대한 혐오를 불러일으킨다. 공동체의 모든 구성원은 물질적 평등을 성취할 수단이 없는데도 이론적으로는 평등하다고 느낀다. 그러니 아무리 가난한 사람이라도 부자의 쾌락에 대한 선망을 갖는다. 그런데 삶에서는 이런 기대가 좌절된다.

네 번째는 "능력주의"다. 알랭 드 보통에 의하면 근대 이전 사회는 다음과 같은 "이야기 구조"를 가지고 있다. "첫째, 가난은 가난한 사람들의 책임이 아니며 가난한 사람도 사회에 쓸모가 있다. 둘째, 낮은 지위에 도덕적 의미는 없다. 셋째, 부자는 죄가 많고 부패했으며 가난한 사람들을 강탈해 부를 쌓았다." 그런데 근대 사회 이후 새로운

"이야기 구조"를 가지게 되었다고 한다. "첫째, 가난한 자가 아니라 부자가 쓸모 있다. 둘째, 지위에는 도덕적 의미가 있다. 예전에는 타고난 계급이 지위를 결정했다. 하지만 이제는 모두에게 기회는 평등하며 노력과 능력이 지위를 결정한다. 따라서 낮은 지위는 노력과 능력의 부족을 의미하며 그것은 부도덕한 것이다. 셋째, 가난한 사람들은 죄가 많고 부패했으며 어리석음 때문에 가난한 것이다. 열등한 지위는 열등한 존재이기 때문에 갖게 되는 것이다. 실패한 사람은 그에 합당하게 낮은 지위에 머물러야 한다. 우리는 이러한 도덕적 판단을 받고 싶지 않아 불안해한다.

다섯 번째는 "불확실성"이다. 신분이 아니라 성과가 지위를 결정하는데 자본주의 사회의 경제적 특징 때문에 성과가 보장되기 어렵다. 자본주의 사회는 끊임없이 요동치고 공황 사태를 발생시킨다. 특히 현대는 직업과 재능의 수명이 짧고, 노동의 유연성 때문에 비정규직이 점점 더 많아지고 있다. 한마디로 우리는 "불확실성의 시대"를 살고 있다. 앞서 『블랙 스완』을 통해 말했던 "극단의 왕국"에 살고 있다. 그래서 더욱 불안하다.

이번 논의에서 중요한 것은 네 번째와 다섯 번째의 원인이다. 내가 볼 때 우리는 현재 네 번째 특징과 다섯 번째 특징이 충돌하는 시대에 살고 있는 것 같다. 적당한 불확실성이 아니라 극단의 불안정성이 지배하고 있기 때문에 능력주의가 통하기 어렵다. 개인의 노력과 능력만으로는 극단의 불확실성을 이겨내기 어렵기 때문이다. 그런데도 사람들은 능력주의에 물들어 있기 때문에 계속해서 능력주의를 강조한다. 이것에 반기를 드는 움직임이 서서히 일어나고 있다.

능력으로 성공했다는 거짓말

『멀티팩터』(스마트북스, 2020)라는 책이 있다. 성공학 관련 도서인데도 부제가 "능력으로 성공했다는 거짓말"이다. 예전에 자기계발서나 성공학 관련 도서를 읽어보면 대부분 노력과 능력을 강조했다. 그런 책들은 성공할 만한 능력을 갖추고 역경을 이겨내는 용기를 내서 믿음을 잃지 않고 성공할 때까지 노력을 하면 반드시 성공한다고 말한다. 『멀티팩터』에서는 이것이 일부를 전부로 얘기하는 거짓말의 일종이라고 말한다.

분명 성공하기 위해서는 능력과 노력이 필요하다. 노력과 능력 없이는 성공하기 어렵다. 하지만 그것은 여러 요인 중 하나에 불과하다. 저자는 다양한 사례를 통해 실제로 대다수의 성공한 사람들이 많은 자원을 갖고 있는 사람들이었음을 입증한다. 성공한 사람들은 대부분 자본, 학력, 인적 네트워크, 명망 등 많은 자원을 갖고 있었기에 출발선에서 우위를 점하고 있었기 때문에 성공했다. 또 하나 성공의 중요한 요인은 "시기성"이다. 성공한 사람은 대부분 시기를 잘 타고 났기 때문에 성공했다. 자신이 가진 능력과 아이디어가 그 시대의 필요와 트렌드에 우연히 맞아들어 갔기 때문에 성공했다. 조금만 일찍 혹은 조금만 늦게 그 일을 했으면 성공하지 못했을 것이다. 사람들은 이것을 "운이 좋았다"라고 표현한다. "운칠기삼"이라는 말이 괜히 나온 말이 아니다.

그런데도 대부분 성공한 사람들은 자신의 성공에 대해 솔직하지 않다. 능력주의가 지배하는 사회이기 때문에 출발점이 달랐다는 것을 인정하면 왠지 반칙을 행한 것을 인정하는 셈이라고 스스로 생각한다. 시기를 잘 타고났기에 성공했음에도 불구하고 노력이 중요하다는 인식이 있기 때문에 오로지 개인의 노력을 통한 성취가 아니면 자신의 성공이 폄하 당할까봐 노력을 통해서 성공했다고 이야기한다. 그렇게 하다 보면 사람들에게 잘못된 정보와 잘못된 믿음을 줘서 타인을 실패하게 만들고 또 실패 후 자책하게 만든다. 그러니 『멀티팩터』의 저자는 차라리 솔직해지자고 말한다. 능력과 노력만을 가지고 성공한 것은 아니라고 말이다. 그는 어차피 출발점의 평등은 현실적으로 불가능하니 자원의 우위를 가지고 경쟁 사회에서 성공하라고 말한다. 또한 불확실성의 시대는 확률이 지배하는 시대이니 자주 시도하고 자주 실패해야 성공할 수 있다고 말한다. 지금의 시대는 이 정도의 조언밖에는 할 수 없는 시대인 것 같다.

다만 그는 한 가지 통찰을 준다. 그는 "해도 되는 실패"가 있고 "해서는 안 되는 실패"가 있다고 말한다. 해도 되는 실패란 전보다 더 많은 경쟁 자원을 획득하거나 경쟁 자원의 상실이 없는 실패를 말한다. 이런 실패는 성공 가능성을 높인다. 하지만 인적 네트워크를 상실한다든지, 회복이 힘들 정도로 자본을 상실한다든지, 영향력과 실력 및 질적 수준이 낮아지는 실패는 성공 확률을 떨어뜨리기 때문에

"해서는 안 되는 실패"다. 이 두 가지를 분리해서 실패할 줄 안다는 것이 과연 가능한지는 잘 모르겠지만 중요한 통찰인 건 사실이다. 여하튼 지금의 시대는 성공학 관련 베스트셀러조차도 이처럼 "극단의 불확실성과 불안정성"을 인정하고 자원 차이와 시기성을 인정하는 시대다. 함부로 노력주의와 능력주의를 말하지 않는다. 이런 시대니 불안이 증가할 수밖에 없다.

음모론의 시대

두 번째 요인은 의미화가 불가능한 시대를 살고 있다는 점이다. 의미화는 다른 말로 하면 합리화다. 합리화를 부정적으로 이해하지만 사실 합리화는 의미화다. 자신의 고통에 의미를 부여할 수 있는 능력이다. 실패했어도 자기를 합리화할 수 있다면 고통이 크지 않다. 합리화가 불가능할 때 "고난"이 "고통"이 되는 것이다.

　이런 질문을 던져보자. 사람들은 큰 고통을 잘 견딜까, 아니면 작은 고통을 잘 견딜까? 보통 큰 고통이 견디기 어렵고 작은 고통은 견디기 쉽다고 생각한다. 하지만 사실은 정반대다. 물론 극한의 고통은 견디는 것 자체가 불가능에 가깝지만 일반적 차원에서의 큰 고통은 자신을 합리화하기 쉽다고 한다. 큰 고통은 의미를 부여하는 데 유리하기 때문이다. 나라의 독립을 위해 당하는 고통은 매우 의미가 있다. 큰 의미가 있기에 아무리 고통이 커도 그런 고통을 견디기 훨씬 수월하다.

반대로 작은 고통들은 의미화하기 어렵다. 예를 들면 일상에서 벌어지는 사사로운 의견의 충돌이나 기질과 성격의 차이, 생활방식의 차이, 몸통 중간부터 짠 치약, 느린 엘리베이터 등은 의미화하기가 쉽지 않기 때문에 자기를 합리화하는 것이 어렵다. 그렇기에 도리어 작은 고통들이 견디기 더 어렵고 짜증이 더 난다. 누군가 나에게 큰 실수를 하면 의외로 쉽게 받아들이지만 작은 실수를 하면 용서하지 못하는 경우가 많다. 심지어는 남편이 외도한 것을 의외로 쉽게 용서하면서도 쓰레기를 치우지 않는 것은 용서가 안 되는 경우도 있다고 한다. 왜냐하면 자신이 받은 큰 고통은 의미화가 가능한데 반해 작은 고통은 의미화가 어렵기 때문이다.

문제는 이 시대는 큰 고통이 너무 자주 찾아온다는 데 있다. 극단의 불확실성과 불안정성이 지배하는 시대이기 때문이다. 큰 고통이 작은 고통보다 의미화하는 것이 쉽다고 해서 의미화 자체가 수월한 건 아니다. 의미화에는 엄청난 에너지가 들어간다. 따라서 그것이 자주 오게 되면 감당하기 어렵다. 더군다나 그것이 개인적 차원의 고통이 아니라 사회적 차원의 고통이라면 더욱 그렇다. 또한 현대인들은 그런 고통을 의미화하는 데 취약점을 가지고 있다. 그들은 삶의 고통을 의미화할 수 있는 자원을 거의 잃어버렸다.

이것이 『음모론의 시대』(문학과지성사, 2014)에서 지적하는 문제점이다. 인간의 가장 큰 문제는 "고통"이다. 고통은 어떻게든 설명이 되어야 한다. 고통을 설명할 수 없을 때 인간은 살아갈 수 없다. 고통 자체가 아니라 고통의 무의미성이 인간을 살아갈 수 없도록 한다. 문화의 과업은 고통을 설명하고 관리하는 것이다. 기대와 현실의 간극을 메우고 고통의 의미를 문화적으로 해결해주었던 것이 바로 종교다. 막스 베버(Max Weber)는 "신정론"이 이런 역할을 했다고 말한다. 신정론이 일차적으로 제공하는 것은 행복이 아니라 "의미"다. 신정론은 불합리한 고통 자체를 제거할 수는 없더라도 그 의미를 알려줌으로써 위안을 얻게하고 그것을 참을 만한 것으로 만들어준다.

문제는 종교가 기대와 현실의 간극을 메우고 고통의 의미를 문화적으로 해결하기 위한 것이라면 신정론은 다른 것으로 대체될 수 있다는 점이다. 현대 사회에서 종교가 타당성을 잃게 되었고 그런 힘을 잃자 정치가 그 자리를 대체했다. 정치는 이데올로기를 통해 기대와 현실의 간극을 메우고 고통의 의미를 문화적으로 해결해주었다. 하지만 사람들은 지금의 시대는 정치도 우리의 문제를 해결해주지 못하고 있다고 느낀다.

이렇게 인간에게 가장 강력한 의미를 제시했던 종교와 정치가 설득력을 잃자 그 자리에는 오직 생산과 소비만이 존재하게 되었다. 무엇을 먹을까, 무엇을 마실까, 무엇을 입을까만 존재한다. 소비적 인간이 바로 현대인의 정체성이다. 소비적 인간은 현재만 존재하는 삶의 현대적 표현이다. 이렇게 오직 현재만 존재하는 삶은 인간에게 진정한 의미를 제시하지 못한다. 더군다나 경제가 지배하는 세계가 안전하지도 않다. 현대는 "불안 사회"이고 "위험 사회"이며 "극단의 왕국"이다. 물질은 풍요로워졌는데 더 불안하고 더 위험한 사회가 되어버렸다. 오늘날 우리는 "이익"은 위로 가고 "위험"은 아래로 분배되는 시대에 살고 있다. 경제적 양극화보다 심각한 것은 위험의 양극화다. 아니, 경제적 양극화가 위험의 양극화를 초래한다. 위험 사회에서는 돈이 없을수록 그리고 지위가 낮을수록 생명의 가치는 제로에 가까워진다. 여러 재난이 이를 증명한다.

상황이 이러한데도 우리는 그 원인을 모르고 있다. 해결책도 알수 없다. 종교와 정치가 설득력을 잃어버려 빈자리가 생겼다. 음모론은 바로 이때 등장한다. 베리칩이나 666 또는 그림자 정부 같은 음모론과 각종 가짜 뉴스가 판을 치는 이유가 여기에 있다. 음모론은 아주 매력적이다. 복잡한 상황에 대한 설명을 단순한 방식으로 제시하고 그럼으로써 불확실성의 시대에 치유와 편안함을 제공해준다. 가짜지만 말이다. 음모론의 가장 큰 문제 중 하나는 내가 세상을 바꾸기 위해 무엇을 책임질 필요가 없다는 데 있다. 오직 책임을 타인에게 전가하고 그 타자를 악마화해 분노하고 혐오하기만 하면 되기 때문이다. 정말 안타까운 것은 이러한 지적이 현재의 기독교에 해당한다는 점이다.

죽음 이후의 삶 이후의 삶

불안을 이길 수 있는 힘은 부활 신앙이다. 고린도전서 15장은 "부활장"이라고 불린다. 바울은 15장 앞 부분에서 예수 그리스도께서 십자가에서 죽으시고 부활하셨다고 말한다. 그는 주님이 부활하심으로 사망의 권세는 궁극적으로 깨졌다고 말한다. 부활이 없다면 우리의 믿음이 다 헛된 것이라고 말한다. 그리고 바울은 부활의 첫 열매되시는 예수님만이 아니라 주님이 재림해서 새 하늘과 새 땅이 임할 때 우리도 다시 부활할 것이라고 말한다. 본문에 의하면 "이 썩을 것이 썩지 아니함을 입고 이 죽을 것이 죽지 아니함을 입을 때에는 사망을 삼키고 이길 것이다"(고전 15:54). "맨 나중에 멸망받을 원수는 사망이니라"(고전 15:26). 최종적으로 사망마저 멸망받을 것이지만 우리는 그리스도 안에서 부활의 생명을 미리 선취할 수 있다. 그리스도 안에서 우리는 이미 사망을 이겼다. 그렇기에 사망을 향해 담대히 외칠 수 있다. "사망아, 너의 승리가 어디 있느냐? 사망아 네가 쏘는 것이 어디 있느냐?"(고전 15:55) 얼마나 멋진 모습인가? 우리는 그리스도 안에서 부활의 생명을 이미 받은 사람이다. 따라서 죽음 앞에서도 당당하고 죽음에 대해 책임지는 청지기로 살아갈 수 있다. 돈을 두려워하면 돈을 관리할 수 없듯이 죽음을 두려워하면 죽음을 관리할 수 없다. 사망의 권세를 이기고 부활하신 그리스도의 생명을 받은 우리는 더 이상 죽음을 두려워하지 않는다. 도리어 죽음을 존엄한 삶의 일부로 받아들이게 된다. 그리스도의 죽으심으로 말미암아 구원받은 우리의 생명이 존엄하듯이 그리스도의 부활에 의해 새로운 정체성을 얻은 죽음도 존엄하게 받아들이고 관리하는 청지기로 살아갈 수 있는 것이다.

이보다 더 중요한 결론이 남아 있다. 사도 바울은 말한다. "우리 주 예수 그리스도로 말미암아 우리에게 승리를 주시는 하나님께 감사하노니. 그러므로 내 사랑하는 형제들아, 견실하며 흔들리지 말고 항상 주의 일에 더욱 힘쓰는 자들이 되라. 이는 너희 수고가 주 안에서 헛되지 않은 줄 앎이라"(고전 15:57-58). 구원의 목표는 "죽음 이후의 삶"이 아니라 "죽음 이후의 삶 이후의 삶"이다. 이 세상은 "죽음 이후의 삶"을 위한 준비 단계라고 말하는 사람들이 있다. 이 말이 틀린 건 아니지만 온전하지는 않다. 이 세상의 삶은 "죽음 이후의 삶"을 위한 준비 단계가 아니라 "죽음 이후의 삶 이후의 삶"을 위한 그리스도의 집을 건축하는 삶이다. 우리의 수고는 헛되지 않다. 여기서 살았던 삶은 다 사라지고 저 하늘에서 새로운 삶이 시작되는 것이 아니라 지금 우리가 살아가는 삶을 통해 "죽음 이후의 삶 이후의 삶"이 만들어지는 것이기에 결코 헛되지 않다. 그러니 우리는 견실하며 흔들리지 말고 항상 주의 일에 힘쓰는 자들이 되어야 한다.

파라볼라노이, 위험을 무릅쓰는 자들

그렇다면 여기서 말하는 주의 일이란 무엇일까? 한마디로 부활을 지금 여기서 살아가는 삶이다. 다른 말로 하면 "죽음을 불사하는 삶" 혹은 "위험을 무릅쓰는 삶"이다. 부활 신앙을 가진 자의 삶에 대해 이처럼 멋지게 표현한 말은 드물다. 오스카 로메로(Oscar Romero)야말로 죽음을 불사하는 삶을 산 사람이다. 김근수 선생님이 번역하신 『희망의 예언자 오스카 로메로』(아르테, 2015)에는 이런 내용이 나온다. 엘살바

도르 대주교인 로메로는 1980년 3월에 독재 군부의 총에 맞아 순교했다. 수만 명을 죽인 군부 독재자에게 눈엣가시 같던 로메로 대주교는 자신이 죽을 걸 예상했다. 순교가 곧 그리스도를 증언하는 것이라고 고백하는 그는 죽음마저 영광스럽게 생각했다. 그는 죽기 직전에 어느 인터뷰에서 이와 같이 말했다. "만일 그들이 나를 죽이는 데 성공한다면, 나는 암살자를 용서하고 축복한다고 알려주시길 바랍니다. 그들이 시간 낭비를 했다는 사실을 깨닫기 바랍니다. 주교 한 명이 죽을지라도 하나님의 교회와 국민들은 결코 죽지 않습니다." 그는 죽기 몇 주 전 피정 중 다른 영적 지도자에게는 이렇게 말했다고 한다. "하나님께서 저의 순교를 도와주시리라 믿습니다. 죽음의 순간에 마지막 숨을 쉬면서 저는 하나님을 아주 가까이 느낄 것입니다. 하지만 죽음을 포기하는 일보다 용감한 행동은 삶을 포기하는 일입니다. 이는 하나님 안에서 살아나는 행동입니다." 바로 그를 통해 그리스도가 증거되고 많은 사람이 그리스도를 따르게 된다.

"위험을 무릅쓰는 자"라는 말은 『전염병과 마주한 기독교』를 구성하는 이상규 교수의 "초기 교회 당시의 전염병"이라는 글에서 발견한 문장이다. 초기 교회가 로마 제국에서 인정받을 수 있었던 요인 중 하나가 전염병이 창궐했을 때 사랑의 시혜자가 되었기 때문이다. 이교도들이 전염병이 창궐하자 가족마저 버리고 떠났지만 그리스도인은 이방인들까지 섬겼다. 키프리아누스(Cyprianus)는 하나님의 선하심과 자비하심을 설명하면서 이렇게 설교했다. "우리가 단지 우리 자신만을 소중히 여기고 우리끼리만 자비를 베푼다면 그것은 놀라운 일이 아니지만 세리나 이교도들이 하는 것 이상으로 선으로 악을 이기고, 하나님께서 관용을 베푸신 것 같이 관용을 베풀며, 원수조차도 사랑하고, 주님께서 권고하신 대로 핍박하는 자의 구원을 위해서 기도한다면 우리는 온전하게 될 것입니다. 하나님께서는 변함없이 태양을 떠오르게 하시고 비를 내리셔서 씨앗들을 기르시며 이러한 모든 선하심을 자신의 백성들에게 보이실 뿐만 아니라 이방인들에게도 그렇게 하십니다. 만일 누가 스스로 하나님의 아들이라고 고백한다면 그 사람은 아버지를 본받아야 함이 마땅하지 않겠습니까?"

이방인조차도 사랑하고 섬기는 것은 아버지를 본받는 것이었다. 다른 환자를 돌보는 것과 달리 전염병 걸린 환자를 돌보는 것은 자신의 목숨까지도 바치는 경우가 생길 수 있는 위험한 상황이었다. 하지만 그것은 우리를 위해 목숨을 바친 그리스도를 본받는 삶과 다를 바가 없었다. 그래서 역병이 절정에 달하던 260년 부활절에 디오니시우스(Dionysius)는 이렇게 설교했다. "우리 형제 그리스도인 대부분은 위험을 무릅쓰고 아픈 자를 보살폈고 그들의 모든 필요를 채워주었으며 주님 안에서 그들을 섬겼습니다. 그리고 병자들과 함께 평안과 기쁨 속에 생을 마감했습니다. 그들은 환자로부터 병이 감염되자 그 아픔을 받아들이고 고통을 감내했습니다. 많은 이들이 다른 이들을 간호하고 치유하다가 사망을 자신에게로 옮겨와 대신 죽음을 맞았습니다."

자신이 감염될 수도 있는 죽음의 위험에도 불구하고 이방인에게까지 실천한 형제 사랑으로 인해 생겨난 단어가 "파라볼라노이"(*parabolānoi*)다. 즉 "위험을 무릅쓰는 자들"이라는 뜻이다. "그리스도인"이 "파라볼라노이"라고 불렸다. 3세기 당시 기독교 공동체가 "파라볼라노이"라는 호칭으로 불렸다는 사실은 기독교가 재난 속에서도 자기희생적 사랑을 실천했다는 중요한 증거다. "위험을 무릅쓰는 자"로 살아가는 것, 그것이 바로 주의 일에 힘쓰는 것이다. 나는 아래에서 우리 교회가 코로나19 팬데믹 상황에서 주의 일에 힘썼던 것들을 나누고자 한다. 이런 실천이 없었다면 나는 아마도 이 책을 출간하지 않았을 것이다. 이론이 없는 실천은 방법론이나 프로그램으로 전락하기 쉽고 실천이 없는 이론은 공허하다고 생각하기 때문이다. 앞서 발간한 『페어 처치』와 『성자와 혁명가』에서도 이론과 함께 우리의 실천을 소개했다. 다르게 표현하자면 실천을 통해 직접 검증한 이론만을 나누었고, 이론적 고민 속에서 실천했던 것들만 소개했다. 이제는 현장 없는 공허한 이론이나 이론 없는 가벼운 실천은 지양해야 한다. 이제는 실천하는 신학자이자 신학하는 실천가들이 나와 새로운 역사를 써야 할 때다.

코로나19 가운데서 행한 우리의 실천

"파라볼라노이"의 모습을 보이고자 했으나 처음 코로나19가 발생했을 때는 정말 막막했다. 일반적인 재난과 달리 전염병 재난은 "사회적 거리두기"가 해법이었기 때문이다. 다가가지 않는 것이 해결책이라는 이상한 상황에 처한 것이다. 처음에 생각했던 방안은 네 가지였다. 첫째, 중국인 유학생들에게 도시락 전달하기. 둘째, 자가 격리자들에게 생필품 전달하기. 셋째, 방역에 종사하는 대구의 의료인들에게 감사의 선물 전달하기. 그러나 이 세 가지를 실천하는 것이 쉽지 않았다. 신상 정보 보호법 때문에 도울 사람을 찾는 것 자체가 어려웠다. 더군다나 전국에서 기부한 성금도 남아돌 정도라는 소식을 접했다. 난감했다.

마지막 넷째는 어려운 교회 돕기 혹은 월세 지원하기였다. 우리는 어려운 교회나 이웃을 재정적으로 돕기 위해 부활절 절기 헌금을 나눔 헌금으로 사용하기로 했다. 교인들에게 공고를 하고 부활절 헌금을 했다. 감사하게도 온라인 예배였지만 어려운 중에서도 교인들이 마음을 내어 200만 원 이상이 모아졌다. 우리도 2년 전 분립 개척을 하고 나서 여전히 재정적으로 어려움이 많은 상태였고 코로나19로 인해 교인들도 어려운 형편이었지만 마음을 내어주셨다. 주위에서 어려움을 겪고 있는 교회들의 소식을 듣고 조용히 섬겼다. 대단한 금액도 아니고 조용히 섬기고자 하여 교회 이름은 공개하지 않았다. 하지만 공개한 곳이 딱 한군데 있다. 바로 수원에 있는 "YD케밥하우스"다. 이곳은 코로나19로 경영에 어려움이 생겨 공개적으로 SNS에 도움을 요청한 곳이기에 공개했다.

"YD케밥하우스"는 (사)한국디아코니아 대표이신 홍주민 목사님께서 동료 5명과 함께 세운 협동조합형 사회적 기업이다. 제주 예멘 난민 사태가 발생하자마자 홍 목사님이 제주도에 갔을 때 개신교에 네 부류가 있더란다. 난민을 혐오하는 집단, 무관심으로 일관하는 집단, 그들을 전도하기 위해 관심을 갖거나 시혜를 베푸는 집단 그리고 마지막은 그저 그들을 사랑하기 때문에 그들을 돕는 사람들이다. 목사님은 그들을 오직 사랑하기 때문에 도왔다. 그렇게 돕다가 인도적 체류 허가자가 된 사람들의 생계를 책임지고자 사업체를 운영하시게 되었다. 현재 주방장이 예멘 난민이다. 우리 교회와 멀지 않은 곳에 위치하고 있었으므로 청년들과 함께 방문했다. 2명이 돌아가면서 일을 하는데 우리가 방문한 토요일은 근무 시간이 아님에도 홍주민 목사님이 직접 나와 주셔서 감사했는데, 목사님과 청년들과의 이야기 나눔을 통해 귀한 배움을 얻기까지 했다. 더군다나 본회퍼가 사형당하는 날 아침까지 묵상했다는 『2020 말씀, 그리고 하루: 헤른후트 성경 묵상집』을 선물로 받았다. 홍주민 목사님께서 손수 번역하신 묵상집이다. 이 책에 매일 나와 있는 성경은 구약 한 구절과 신약 한 구절이다. 주일만 시편까지 세 구절이다. 성경을 이런 방식으로 묵상하게 된 것은 처음 이 묵상집을 낸 공동체의 묵상 방법 때문이라고 한다. 그들은 통에 무작위적으로 선택한 여러 개의 구약성경 구절을 넣고 기도를 열심히 한 뒤 제비를 뽑으면 그것을 오늘 내게 주신 말씀으로 받아들였다. 그것에 대해 공동체원이 구약과 가장 어울린다고 생각하는 신약 한 구절을 선택하면 구약과 신약을 함께 묵상한다. 묵상하면서 깨닫게 되는 것이 하나님이 오늘 내게 주신 말씀이다. 그들은 하나님이 말씀을 통해 말씀하신다고 믿었다. 그리고 하나님이 하신 말씀을 붙들고 그것을 실천하기 위해 최선을 다했다. 참 은혜가 되는 이야기다.

하지만 직접적으로 이웃을 섬기는 것은 앞서 말한 것처럼 쉽지 않았다. 그러다가 마스크 대란이 터지고 정부에서 면마스크도 사용가능하다는 지침이 내려지고 난 후 우리가 해야 할 일이 분명해졌다. 우리는 "마스크 나눔 캠페인"을 열기로 했다. 우리는 "파라볼라노이", 즉 위험을 무릅쓰는 자의 자세로 임했다. 우리가 면마스크 만들기를 한 것은 서울에 있는 어떤 목사님이 말하는 것처럼 예배는 무익하고 마스크는 유익하다고 생각하기 때문이 아니었다. 우리가 면마스크 만들기를 했던 이유는 그것이 유익을 주는 것이기 때문이 아니라 복음을 실천하는 것이기 때문이었다. 진정한 교회는 "타자를 위한 교회"이며, 복음은 이웃에 대한 태도와 사랑의 섬김을 통해 드러난다는 성경의 도전 때문이었다. 우리의 섬김은 복음의 공공성을 실천하는 작은 섬김일 뿐이었다. 교회가 무엇인지를 존재 그 자체로 증언하기 위함이었다. 그리고 그 기저에 있는 정신은 바로 "파라볼라노이"로 살아가고자 하는 마음이었다. 물론 치사율이 컸다면 그 일을 진행하지 않았을 것이다. 위험에 처한 사람을 직접 돕는 일이 아닌, 우리끼리 모여 작업하는 것이었기 때문에 치사율이 높았다면 모이지 않았을 것이다. 그랬다면 아마 다른 실천을 고민했을 것이다. 하지만 무엇을 하든 그 정신만은 동일했을 것이라고 생각한다. 우리가 꼭 나서야만 하는 일이었다면 위험을 무릅쓰고 섬겼을 것이다. 우리는 어떤 경우든 "파라볼라노이"가 되어야 한다. 그렇게 할 때 하나님은 재난 한가운데서도 우리를 통해 일하신다.

우리는 그저 우리가 할 수 있는 작은 일을 하고자 했다. 우리 교회는 아이들이 어리고 젊은 성도들이 많다보니 많은 사람이 참여할 수가 없었다. 부득이 자원하는 10명 이내의 성도님들과 함께 면마스크 만들기를 했다. "데이즈 데이"라는 패브릭 가게를 운영하시는 권 사님께서 마스크 디자인을 해주셨다. 물론 직접 작업을 하지 못하는 분들은 면마스크 만들기 키트를 집으로 가지고 가서 작업을 하기도 했고, 재능이 부족한 분들은 재정적으로 기부를 해주셨다. 그렇게 시작된 작은 일에 하나님께서 놀랍게 역사하셨다. "마스크 나눔 프로젝트"는 두 달 동안 약 100여 명의 후원자와 자원봉사자들이 함께 참여해주시는 귀한 여정이었다. 2,680,630원의 후원금이 모였고 11곳의 기부처에 5차례에 걸쳐 1,600여 장의 마스크와 함께 150상자의 생필품을 전달했다. 정성껏 만들어서 보내주신 마스크는 물론이거니와 기부해주신 물품들까지 돈으로 환산한다면 1천만 원이 훌쩍 넘는 나눔이었다.

면마스크를 만드는 일이 생각보다 쉽지 않았다. 마음과 달리 손은 더디고 작업은 멈추기 일쑤였다. 30년 혹은 47년 만에 재봉틀에 앉아보신다는 어른들의 마음을 몰라주고 재봉틀은 자꾸 밑실이 끊기고 멈추어 서기를 반복해 일하는 시간보다 기계를 들여다보는 시간이 긴 듯도 했다. 결국 끝나지 않는 일감을 가지고 가 집에서 아픈 고개를 가누며 만들어다 주시기도 했다. 수제라는 것이 이토록 손이 많이 가고 시간을 들여야 하는 일인 줄 미처 몰랐다. 그렇게 힘들게 작업하는 걸 멈추지 않으니 이상하게도 자꾸 보낼 수 있는 마스크의 수

량이 늘어났다. 어려울 때 중국에 마스크를 사서 보냈는데 중국의 상황이 나아졌다고 KF90이 넘는 마스크를 170장이나 보내주었다는 중국 이웃, 보건 납품을 하시며 팔기에도 부족한 마스크와 세정제를 박스 채 가져다주신 부부, 스트레스가 쌓이는 시절이니 단 것이 필요하지 않겠느냐며 초코파이와 꼬깔콘부터 행사에서 받아 모아둔 타올 상자까지 보내주신 성도님, 만들어 팔 시간도 부족한 천연 손세정제를 100개나 만들어 곱게 포장해서 가져다주신 "활짝핀 화장품" 주인 부부, 면마스크 50여 장을 가져가셨다가 마스크 50장으로 후원금을 모아 외국인 노동자들이 때가 타도 마음이 편하다고 좋아하시던 검정색 연예인 마스크 400장이 담긴 상자를 들고 나타나신 권사님, 그리고 키트를 집에 가져가 손수 만든 면마스크를 조용히 수집함에 넣어놓고 가시는 성도님들…누구 하나 시간이 남거나 여유 있는 사람이 없건만 어려운 중에 주머니를 열고, 물건을 나누며, 마음을 내어주셔서 우리가 나눌 수 있는 마스크가 늘어나기 시작했다. 나눔 마스크 소식에 연락을 주셨던 인천의 한사랑교회는 우리보다 더 빨리 더 많이 만들어 이미 대구에 250여 장의 마스크를 보내셨다는 반가운 소식도 도착했다. 대구에 있는 장애인 교회를 섬긴다는 소식을 듣고 밀양에 있는 목사님께서도 연락을 주셨다. 사람들이 대구만 신경 쓰는데 경북 전체가 어렵고 특히 밀양에 있는 시각장애인들은 마스크를 구하는 일 자체가 어렵다는 말씀을 해주셔서 밀양 시각장애인협회에 몇 차례 면마스크와 생필품을 전달해드렸다.

곳곳에 마스크가 필요한 이웃들의 소식을 묻는 여정, 화성의 외국인 노동자들에게 마스크를 나누고 싶어 아내가 화성 다문화센터 "더 큰 이웃 아시아"에 연락드리니 소중한 조언을 주셨다. "공장에서 일하는 것을 허가받은 외국인 노동자들은 회사에서 마스크를 지급받을 수 있지만 미등록 외국인 노동자들은 마스크를 받을 길이 없어 감옥 아닌 감옥 생활을 하고 있습니다." 안타까운 소식을 접하자마자 중소 공장들이 밀집한 발안 지역의 미등록 외국인노동자들을 돕는 "발안 만세 도서관" 관장님께 연락을 드렸더니 마스크 나눔을 곳곳에 요청하고 계셨다면서 바로 달려오시겠다는 답신을 주셨다. 답신을 받은 다음 날 아침, 교회 앞 로비가 텅 비어 있어야 하는데 쌀 포대가 다시 쌓여 있었다. 화성 미등록 외국인 노동자들에게 전달할 마스크와 생필품을 가지러온 "발안 만세 도서관" 관장님이 대구와 밀양에 보내려고 로비에 쌓아놓은 쌀의 나눔처를 보시고는 남편과 뜻을 모아 정미소에서 바로 쌀을 5포대나 보내주신 것이다. 그뿐이 아니다. 어느 날은 "오뚜기몰" 박스가 수북이 쌓여 있었다. 내가 면마스크와 생필품 나누기를 하고 있는 소식을 페이스북에 올렸는데 그것을 보고 예전에 내가 인도하던 "내적치유수양회"에 참석하셨던 분이 마스크 나눔에 동참하고 싶다며 보내온 귀한 선물이었다. 심지어는 이런 일도 있었다. 아내가 보고서를 작성하려고 통장 잔액을 확인해 보니 10만 원이어야 할 잔액이 100만 원대로 훌쩍 늘어나 있었다. 오래 전 아내와 같은 사무실을 썼던 한 친구가 프랑스 파리에서 페이스북에 있는 나눔 마스크 포스팅을 보았다면서 좋아요를 누르고 댓글을 남기더니 마스크 나눔에 조금이라도 참여하고 싶다며 100만 원이라는 큰돈을 송금해놓은 것이다. 멀리 타지에서 그것도 하루에 900여 명이 사망하는 파리의 가슴 아픈 현실 속에 격리된 채 집 밖을 나가지도 못하는 어려운 여건 속에서도 100만 원을 송금한 그 마음이 깊고 무겁게 느껴졌다. "pay it forward!"(남에게 베풀어라) 이렇게 나눔은 커져갔다. 이 모든 것이 오직 하나님의 은혜다.

우연히 미등록 외국인 노동자에게 면마스크를 전달하다 보니 생각나는 분이 있었다. 30년 전 한센병 환자들 섬기려고 마석에 들어갔다가 이주 노동자들의 현실을 목격하고 이주민 사역을 최초로 시작하신 이정호 성공회 신부님. 이번에는 아내와 권사님 세 분이 직접 움직였다. 생필품 10박스를 교회 승합차에 싣고 지난주 내내 만든 면마스크 100장과 함께 바로 옆 오남에 있는 이정호 신부님이 사역하시는 "샬롬의 집"에 전달해드렸다. 신부님께서 따뜻하게 맞이해주시고 미등록 이주 노동자들의 현실에 대해서도 이야기를 한참 들려주셨다. "우리나라에 미등록 외국인 노동자가 40만 명이에요. 제가 있는 이 동네만 해도 8천 명이 있어요. 근데 코로나19를 아무리 잘 막고 사회적 거리두기를 실천하면 뭐합니까? 등록된 노동자들이 약국에 가도 마스크를 못 사고 오기가 일쑤예요. 미등록 노동자들은 신분이 없으니까 더더욱 방치되죠. 기숙사에 가보면 한 방에 8-9명씩 같이 살아요. 한 명만 걸려도 그 방뿐 아니라 그 지역이 난리가 나요. 코로나19가 터지면 어디서 터지겠어요? 보이지 않는 곳, 음지에서 터져요. 그 사람들 없으면 마석 가구 단지부터 인접 공장들 다 멈춰서요. 그러니 알면서도 법무부에서는 눈감아주고, 공장주들 커미션주고 데려오는 거죠. 하지만 아무도 그들을 사람 취급 안 해. 불법이라고. 일만 시켜. 그럼 그 사람들이 아프고 병들면 그들만 아플까요? 코로나19는 그렇게 보이지 않고 돌보지 않는 곳에서 터지고 번져서 우리에게 다시 와요. 코로나19 때문이 아니라 그 사람들이 사람이기 때문에 우리가 돌봐야 하는 거고 그들이 안전해야 우리도 안전하기 때문에 우리도 지난주부터 마스크를 몇 천 장씩 구해서 나눔 캠페인 하고 있어요." 이렇게 전국의 미등록 이주 노동자들에 대한 마스크 지원을 위해 씨름하고 계신다는 신부님의 이야기, 또 우리가 잘 모르는 미등록 외국인 노동자들의 현실 이야기, 보이지 않게 우리 사회의 노동을 떠받치고 있지만 코로나19가 발발하기 전까지는 보이지 않는 존재인 듯 격리되어 살아온 수십만 노동자들의 이야기를 들었다. 3천 장을 나누어도 부족하다는 나눔의 현장에 들고 간 면마스크 100장이 뭐 얼마나 큰 힘이 되었을까만은 교회에서 손길을 모으고 정성을 담아 먼 길 와준 마음에 큰 격려를 부어주신다.

가장 감동을 받았던 순간이 있다. 발안에 있는 미등록 외국인 노동자들께 생필품과 마스크를 전달해드렸는데 사진을 찍어 보내주셨다. 신분 노출을 꺼릴 것이 당연했기에 사진은 민감한 일이니 괜찮다고 말씀드렸는데도 일부러 얼굴은 나오지 않게 찍은 다음 그중에서 고른 사진이라 하신다. 여러 사람이 마음을 모아 보내주신 것이니 누가 받았는지는 알려드려야 하지 않겠느냐고 말씀하신다. 미등록 외국인 노동자의 마음이 가득히 담긴 사진을 보면서 어느 사진작가가 찍은 사진보다 따뜻한 감동을 받았다. 마스크를 벗을 수 없는 열악한 현장에서 일을 멈추고 기록을 공유해주신 마음이 깊은 곳에 스민다. 더 감동이었던 것은 발안의 미등록 이주 노동자들에게 마스크와 생필품을 전달하는 일을 함께한 네팔 이주민 공동체의 "움"씨가 고마움의 인사를 전하고 싶다며 더불어숲동산교회를 찾아온 것이다. 하나님께서 이 뜻밖의 손님을 통해 우리의 작은 섬김을 보상해주시고 위로해주시는 것 같았다. 그것만으로도 감사한데 CBS 라디오 "평화캠페인"에 4월 후반부 약 보름 동안 40초에서 1분 동안 우리가 면마스크를 통해 이웃을 섬긴 이야기가 나갔다. 처음에는 하루 7번 나가는 것으로 이해했는데 보름 동안 매일 7번 우리의 목소리가 나갔다. 참으로 하나님의 일하심은 놀랍다.

○—— 결론 ——○

공교회성과 공동체성 그리고 공공성을
회복하지 않으면 한국교회는 망한다

한국교회는 시대를 바꾸고 문명을 바꿀 것이라는 코로나19 팬데믹 사태 앞에서 세상과 엇박자를 냈다. 나중에는 대부분의 교회들이 온라인 예배에 동참했지만 초창기 많은 대형 교회들이 주일 공예배를 강행했고, 행정 명령을 종교 탄압이라고 비판했으며, 현 정권을 공산주의 정부라고 매도하며 21대 총선에 정치적으로 개입했고, 어느 교단장 후보는 초기 교회가 그러했듯이 믿음으로 예배를 드리면 하나님이 코로나19로부터 보호해주실 것이라고 설교했으며, 여지없이 코로나19가 하나님의 심판이라고 말하는 사람들이 나타났고, 유명한 복음주의자는 코로나19를 하나님이 보내셨다고 말했다.

개인적인 영혼 구원의 복음밖에 모르고, 교회 성장에만 관심이 있으며, 기득권자들의 가치와 극우 이데올로기를 내면화한 현실 기독교는 재난이 있을 때마다 "신정론적 강박"에 사로잡혀 하나님의 주권이나 되뇐다. 공공성에 대한 고민이 거의 없기 때문에 역사와 문명을 바꿀 것이라는 코로나19 앞에서도 하나님의 메시지를 듣지도 못하고 미래 사회의 대안에 대한 아무 고민이 없다. 오직 코로나19 이후 줄어들 교인 숫자를 염려하며 온라인 예배나 온라인 성찬 등의 이슈를 가지고 떠들 뿐이다. 한국 기독교가 이렇게 세상과 엇박자를 내는 비상식적인 집단으로 전락한 이유는 수도 없이 많겠지만 가장 중요한 이유는 "공교회성"과 "공동체성" 그리고 "공공성"의 부재다. 그중 "공공성의 부재"는 심각한 수준이다. 이제 한국교회는 이런 모습을 탈피해야 한다. 공교회성과 공동체성 그리고 공공성을 회복하지 않으면 한국교회는 망한다. 이런 문제의식 속에서 우리 교회는 그동안 선교적 교회의 비전을 실천해왔다. 공동체성과 공공성 회복을 위해 우리 교회가 그동안 해왔던 사역들과 우리가 추구하는 신학과 영성에 대해서는『페어처치』와『성자와 혁명가』를 참고하면 좋을 것 같다.

공동체성에 대해서는 1장에서 언급했다. 교회는 공동체성의 회복을 통해 진정한 복음과 교회의 본질을 세상에 보여주어야 한다. 공공성과 관련해 코로나19는 우리에게 크게 세 가지 도전을 던지고 있다. 나는 2장에서 코로나19가 "강제 멈춤"을 통해 우리 사회의 실상을 드러냈고, 극심한 불평등을 시정하지 않으면 안 된다는 것을 보여주었다고 말했다. 우리 사회를 각자도생에서 공생하는 사회로 전환하지 않으면 미래가 없다. 이를 위해 기본소득·기본 자산·최고 임금 등을 대안에 대한 예시로 소개했다. 3장에서는 성자적 영성과 혁명가적 영성의 눈으로 코로나19에 어떻게 대처할 것인지를 나누었다. 기후 위기가 코로나19를 낳았고 기후 위기가 "인류 멸절"로 치닫고 있기에 생태 친화적인 문명으로 전환하지 않으면 미래가 없음을 호소했다. 이를 위해 동물권 회복과 그린 뉴딜 등을 대안에 대한 예시로 소개했다. 4장에서는 코로나19 방역에 실패한 유럽과 영미의 모습을 보며 이제 서구와 동구의 통합만이 아니라 서방과 동방의 통합의 필요성을 느끼게 되었다고 말했다. 코로나19는 자유·평등·박애의 한계를 드러냄으로써 오리엔탈리즘의 종언을 불러왔고 리오리엔트가 도래할 것임을 보여주었다. 우리 민족이야말로 동방을 대표하는 중국과도 다르고 서방을 대표하는 미국과도 다른 면모를 가지고 있음을 이번 코로나19 사태를 통해 발견했다. 교회는 마른 뼈의 환상과 두 막대기의 환상을 가슴에 품고 이 땅을 치유할 하나님의 역사를 기대하며 이 땅에 리오리엔트의 비전을 성취하는 모습을 보여주어야 한다. 이처럼 코로나19는 우리에게 "정의-공생하는 사회", "생태-생태 친화적인 문명", "평화-리오리엔트"라는 세 가지 과제를 던져준다.

5장에서는 한국 기독교가 정교분리를 내세우지만 실상은 지나치게 정치적이며 극우 이데올로기를 신봉하고 있음을 지적했다. 진정한 기독교는 좌파와 우파를 포용하고 넘어서야 하는데도 세속의 이데올로기에 종속되어 버려서 자신이 신봉하는 이데올로기가 몰락할 때 함께 몰락할 수도 있음을 지적했다. 그뿐만 아니라 21대 총선에서 거대 여당이 출범한 것은 한국 사회가 20 대 80 사회로 바뀌었기에 공평과 정의에 대한 감각이 예민해졌고, 평범의 왕국에서 극단의 왕국으로 변화되었기에 불안 사회를 넘어서는 대안을 추구하게 되었으며, 인과 예를 갖춘 보수다운 보수를 바라기 때문이라고 말했다. 사회의 기본

축이 좌측으로 이동했는데 과연 한국교회는 그러한 변화를 수용할 만한 역량이 있는가 의문이다. 이러한 역량을 갖추지 못한다면 한국교회의 미래는 없다. 또한 6장에서는 불확실성이 극대화된 사회에서 불안에 떠는 현대인들에게 그리스도인이 부활 신앙을 보여주어야 함을 말했다. 그 모습은 바로 "파라볼라노이"다. 여기서 나는 우리 교회가 코로나19 상황에서 어떤 실천을 통해 하나님의 역사하심을 경험했는지에 대해 나누었다.

이 모든 이야기는 한국교회를 사랑하기 때문에 나온 것들이다. 그것이 비판적인 이야기든 대안적인 이야기든 모두 한국교회에 도움이 되기를 바라는 마음에서 한 것들이다. 그러니 아무쪼록 흠이 되는 이야기는 기억하지 말고 도움이 되는 이야기가 있었다면 그것 몇 가지만을 취해주시기 바란다.

코로나19 이후 시대와 한국교회의 과제

한국교회, 공교회성과 공동체성 그리고 공공성을 회복하지
않으면 망한다

Copyright ⓒ 이도영 2020

1쇄 발행 2020년 6월 25일
3쇄 발행 2020년 9월 22일

지은이 이도영
펴낸이 김요한
펴낸곳 새물결플러스

편 집 왕희광 정인철 노재현 한바울 정혜인
　　　　 이형일 나유영 노동래 최호연
디자인 윤민주 황진주 박인미 이지윤
마케팅 박성민 이원혁
총 무 김명화 이성순
영 상 최정호 곽상원
아카데미 차상희

홈페이지 www.holywaveplus.com
이메일 hwpbooks@hwpbooks.com
출판등록 2008년 8월 21일 제2008-24호
주 소 (우) 04118 서울시 마포구 마포대로19길 33
전 화 02) 2652-3161
팩 스 02) 2652-3191

ISBN 979-11-6129-160-4 03230

책값은 뒤표지에 있습니다.

이 도서의 국립중앙도서관 출판예정도서목록(CIP)은 서지정보유통지원시스
템 홈페이지(seoji.nl.go.kr)와 국가자료공동목록시스템(nl.go.kr/kolisnet)
에서 이용하실 수 있습니다. CIP2020024668